高技能人才培养创新示范教材

Gonglu Gongcheng Jixie Caozuo
yu Shigong Jishu
公路工程机械操作与施工技术

主　编　李庭斌　单文健
主　审　孙璐姿

人民交通出版社股份有限公司
China Communications Press Co.,Ltd.

内 容 提 要

本书是高技能人才培养创新示范教材,主要介绍了土、石方施工机械,压实施工机械,路面施工机械等各种公路施工机械的类型、特点、使用方法、基本操作、施工方法(技术)、使用范围等,并根据各机型施工技术的要求,制订了相关的任务实施过程及考核标准。

本书可作为中职院校工程机械类相关专业课程的教材,也可作为工程机械类高技能人才的培养用书,还可供相关技术与管理人员参考使用。

图书在版编目(CIP)数据

公路工程机械操作与施工技术 / 李庭斌,单文健主编. —北京:人民交通出版社股份有限公司,2016.10
高技能人才培养创新示范教材
ISBN 978-7-114-13297-1

Ⅰ.①公⋯ Ⅱ.①李⋯ ②单⋯ Ⅲ.①道路工程—工程机械—教材 Ⅳ.①U415.5

中国版本图书馆 CIP 数据核字(2016)第 205088 号

书　　名:	公路工程机械操作与施工技术
著 作 者:	李庭斌　单文健
责任编辑:	戴慧莉
出版发行:	人民交通出版社股份有限公司
地　　址:	(100011)北京市朝阳区安定门外外馆斜街 3 号
网　　址:	http://www.ccpress.com.cn
销售电话:	(010)59757973
总 经 销:	人民交通出版社股份有限公司发行部
经　　销:	各地新华书店
印　　刷:	北京市密东印刷有限公司
开　　本:	787×1092　1/16
印　　张:	12
字　　数:	285 千
版　　次:	2016 年 10 月　第 1 版
印　　次:	2016 年 10 月　第 1 次印刷
书　　号:	ISBN 978-7-114-13297-1
定　　价:	28.00 元

(有印刷、装订质量问题的图书由本公司负责调换)

前言 Preface

为贯彻落实《国家中长期教育改革和发展规划纲要(2010—2020年)》精神,按照《国家高技能人才振兴计划》的要求,深化职业教育教学改革,积极推进课程改革和教材建设,满足职业教育发展的新需求,着重高技能人才的培养,依据公路工程机械运用与维修、工程机械技术服务与营销和工程机械施工与管理三大专业的教学计划和课程标准,我们组织行业专家及各校一线教师编写了这套补充教材。

本套教材适用于公路工程机械类专业高级工和技师层次全日制学生培养及社会在职人员培训,具有以下特点:

1.本套教材开发基于实际工作岗位,通过提炼典型工作任务,形成专业课程框架、教学计划及课程标准,切合职业教育教学的特点,符合培养技能型人才成长的规律。

2.本套教材在编写模式上部分实践性较强的课程采用了任务引领型模式进行编写,有利于任务驱动式教学方法的使用,便于培养学生自我学习、收集信息、解决问题等方面的核心能力。

3.本套教材在内容选取方面多数课程打破了传统教材学科知识体系的结构,但也考虑了知识和技能的连贯性和整体性,同时也保持了知识和技能选取的先进性、科学性和实用性。

《公路工程机械操作与施工技术》是公路工程机械运用与维修、工程机械施工与管理两个专业的专业课程。本书主要介绍了土、石方施工机械,压实施工机械,路面施工机械等各种公路施工机械的类型、特点、使用方法、基本操作、施工方法(技术)、使用范围等知识,并根据各机型施工技术的要求,制订了相关的任务实施过程及考核标准。通过各机型任务的实施与考核,使学生掌握和达到一定的操作技能。

本书由浙江公路技师学院李庭斌、山东公路技师学院单文健担任主编,由山东公路技师学院孙璐姿担任主审。具体编写情况如下:学习任务1、学习任务3由李庭斌编写,学习任务2、学习任务5由单文健编写,学习任务4由苑举勇编写,学习任务6由马晶编写,学习任务7由周才景编写,学习任务8由秦冰编写。在本书编写过程中得到了徐工集团、三一重工、厦工、柳工等工程机械厂商及专家的支持与帮助,在此表示感谢。

由于编审人员的业务水平和教学经验有限,书中难免有不妥之处,恳切希望使用本书的教师和读者批评指正。

编　者

2016年7月

目 录
Contents

项目一　土、石方施工机械 ………………………………………………… 1
　学习任务 1　推土机的技术使用 ……………………………………………… 1
　学习任务 2　装载机的技术使用 ……………………………………………… 32
　学习任务 3　挖掘机的技术使用 ……………………………………………… 50
　学习任务 4　平地机的技术使用 ……………………………………………… 72

项目二　压实施工机械 ………………………………………………………… 96
　学习任务 5　压实机械的技术使用 …………………………………………… 96

项目三　路面施工机械 ………………………………………………………… 135
　学习任务 6　沥青洒布机的技术使用 ………………………………………… 135
　学习任务 7　沥青混凝土转运车的技术使用 ………………………………… 149
　学习任务 8　沥青混凝土摊铺机的技术使用 ………………………………… 163

参考文献 …………………………………………………………………………… 186

项目一　土、石方施工机械

学习任务1　推土机的技术使用

 知识目标

1. 熟悉推土机的分类、特点及适用范围；
2. 掌握推土机的基本操作与安全操作要点；
3. 了解影响推土机生产率的因素。

 技能目标

1. 能驾驶推土机进行一般的施工作业；
2. 能根据施工现场的实际情况选择推土机的施工方法；
3. 能根据施工现场的实际情况分析影响推土机生产率的因素。

 建议课时

18课时。

 任务描述

小明和斌斌参观施工现场后，对机械化施工产生了浓厚的兴趣，他们找到老师，要求操作机械设备来完成一项施工任务。老师将他们带到一台推土机前说，知道这是什么机械吗？如何进行操作？能完成哪些施工任务？我们今天的任务就是操作这台设备开挖一段路槽。

一、理论知识准备

（一）推土机的功用、分类与适用范围

1. 推土机的功用与分类

推土机是路基土方工程中最常用的一类铲土运输机械，它的特点是所需作业面小、机动灵活、转移方便、短距离运土效率高及干地、湿地都可以进行独立作业,同时也可以配合其他机械进行施工,因此在土方工程机械化工作中得到广泛的应用。

1)功用

推土机是一种多用途的自行式施工机械。它能铲挖并移运土壤、砂石。在公路施工中,通常推土机是完成路基基底的处理、路侧取土、横向填筑高度不大于1m的路堤、沿公路中心纵向移挖作填完成路基挖填工程、傍山取土侧移、修筑半堤半堑的路基等工作。在稳定土拌和场和沥青混凝土搅拌厂,还经常用推土机来完成松散骨料的堆集任务。

在公路机械化施工中当土壤太硬,铲运机或平地机施工作业不易切入土壤时,可以利用推土机的松土作业装置将土壤耙松,或者利用推土机的铲刀直接顶推铲运机以增加铲运机的铲土能力(即所谓为铲运机助铲)。利用推土机协助平地机或铲运机完成施工作业,从而提高了这些机械的作业效率。

虽然推土机的用途十分广泛,但由于受到铲刀容量的限制,推运土壤的距离不宜太长,因而,它只是一种短运距的土方施工机械。运距过长时,运土过程受到铲下的土壤漏失的影响,会降低推土机的生产效率;运距过短时,由于换向、换挡操作频繁,在每个工作循环中,这些操作所用时间所占比例增大,同样也会使推土机生产率降低。通常中小型推土机的运距为30~100m;大型推土机的运距一般不应超过150m。推土机的经济运距为50~80m。

2)分类

(1)按发动机的功率分类。因为柴油机具有功率范围大、飞轮输出转矩大、运转经济性和燃油的安全性好等优点,目前推土机的动力装置均为柴油机。推土机按其装备的柴油机功率的大小,可以分为以下三类。

①大型推土机:功率在235kW以上。

②中型推土机:功率在74~235kW。

③小型推土机:功率在74kW以下。

(2)按行走方式分类。推土机是以履带式或轮胎式拖拉机、牵引车等为主机,配以悬式铲刀的施工机械。按主机的行走方式,推土机可以分为履带式推土机和轮胎式推土机两种。

①轮胎式推土机。其行驶速度快、机动性好、作业循环时间短,转移场地方便迅速且不损坏路面,特别适合在城市建设和道路维修工程中使用,因制造成本较低,维修方便,近年来有较大发展。但轮胎式推土机的附着性能远不如履带式,在松软潮湿的场地上施工时,容易引起驱动轮滑转,降低了生产效率,严重时还能造成车辆的沉陷,甚至无法进行施工;在开采矿山等恶劣条件下,如遇上坚硬锐利的岩石,容易引起轮胎急剧磨损,因此,轮胎式推土机的适用范围受到了一定的限制。图1-1所示为TL2108轮胎式推土机。

②履带式推土机。其附着性能好、牵引力大、接地比压小、爬坡能力强、能在恶劣的环境中工作,具有优越的作业性能,是重点发展的机种。图1-2所示为140T型履带式推土机。

(3)按用途分类。按用途不同可将推土机分为普通型推土机和专用推土机。

①普通型推土机。这种推土机通用性好,可广泛用于各类土石方工程施工作业,是目前施工现场广为采用的推土机机种。

图 1-1　TL2108 轮胎式推土机

②专用型推土机。专用推土机有浮体推土机、水陆两用推土机、深水推土机、湿地推土机、爆破推土机、低噪声推土机、军用高速推土机等。浮体推土机和水陆两用推土机属浅水型推土施工作业机械。浮体推土机的机体为船形浮体,发动机的进、排气管装有导气管通往水面,驾驶室安装在浮体平台上,可用于海滨浴场、海底整平等施工作业。水陆两用推土机主要用于浅水区或沼泽地带作业,也可在陆地上使用。湿地推土机为低比压履带式推土机,图 1-3 所示为湿地推土机,这种推土机可适应沼泽地的施工作业。军用高速推土机主要用于国防建设,平时用于战备施工,战时可快速除障,挖山开路。

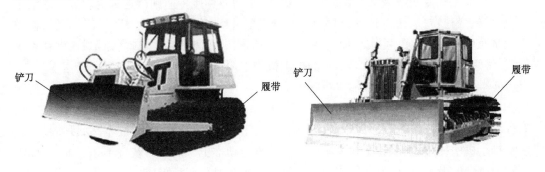

图 1-2　140T 型履带式推土机　　　　图 1-3　TS140 型湿地推土机

（4）按推土板安装形式分类。按推土板安装形式推土机可分为固定式铲刀推土机和回转式推土机。

①固定式铲刀推土机。这种推土机的推土板与主机（拖拉机）纵向轴线固定为直角,也称直铲式推土机。一般来说,从铲刀的坚固性和经济性考虑,小型及经常重载作业的推土机都采用这种铲刀安装形式。

②回转式推土机。这种推土机的推土板在水平面内能回转一定角度,推土板与主机纵向轴线可以安装成固定直角,也可以安装成与主机纵向轴线成非直角。回转式推土机作业范围较广,可以直线行驶一侧排土（像平地机施工作业时那样）。回转式推土机适宜平地作业,也适于横坡铲土侧移。这种推土机又称为活动推土机或角铲式推土机。

（5）按铲刀操纵方式分类,可分为钢索式推土机和液压式推土机。

①钢索式推土机：铲刀升降由钢索操纵,动作迅速可靠,铲刀靠自重入土。缺点是不能强制切土,并且机构的摩擦件较多（如滑轮、动力铰盘等）。铲刀操纵机构经常需要人工调整,钢索易磨损。钢索式操纵方式仅见于早期的推土机,目前已基本淘汰,很少采用。

②液压式推土机:铲刀在液压缸作用下动作。铲刀一般有固定、上升、下降、浮动四个动作状态。铲刀可以在液压缸作用下强制切土,也可以像钢索式推土机的铲刀那样靠自重入土(当铲刀在"浮动"状态时)。液压式推土机能铲推较硬的土,作业性能优良,平整质量好。另外,铲刀结构轻巧,操纵轻便,不存在操纵机构的经常性人工调整。液压铲刀升降速度一般比钢索式慢,其优点在冬季更为显著。

(6)按传动方式分类,可分为机械式传动推土机、液力机械式传动推土机、全液压式传动推土机和电传动式推土机。

①机械式传动推土机:采用机械式传动的推土机具有工作可靠、制造简单、传动效率高、维修方便等优点,但是操作比较费力,传动装置对负荷的自动适应差,容易引起柴油机熄火,降低了作业效率。目前大中型推土机已经很少采用机械式传动。

②液力机械式推土机:采用液力变矩器与动力换挡变速器组合的传动装置,具有自动无级变扭,自动适应外负荷变化的能力,柴油机不易熄火,且可带载进行换挡,减少换挡次数,操纵轻便灵活。缺点是液力变矩器在工作过程中容易发热,降低了传动效率,同时传动装置结构复杂、制造精度高,提高了制造成本,也给维修带来了不便和困难。目前大中型推土机用这种传动形式较为普遍。

③全液压式传动推土机:由液压马达驱动,驱动力直接传递到行走机构。因为取消了主离合器、变速器、后桥等传动部件,所以结构紧凑,大大方便了推土机的总体布置,使整机质量减轻,操纵轻便,可实现原地转向。全液压推土机制造成本较高,且耐用度和可靠性差、维修困难。目前只在中等功率的推土机中采用全液压传动。

④电传动式推土机:由柴油机带动发电机、电动机,进而驱动行走装置。这种电传动结构紧凑、总体布置方便、操纵轻便,也能实现原地转向;行驶速度和牵引力可无级调整,对外界阻力有良好的适应性,作业效率高。但由于质量大、结构复杂、成本高,目前只在大功率推土机中使用,且以轮胎式为主。另一种电传动推土机的动力装置不是柴油机,而采用动力电网的电力,可称为电气传动。此类推土机一般用于露天矿山的开采或井下作业。因受电力和电缆的限制,它的使用范围有一定的局限性,但这类推土机结构简单、工作可靠、不污染环境,作业效率很高。

3)国产推土机型号编制

国产推土机型号编制见表1-1。

国产推土机型号编制　　　　　表1-1

推土机	代号	代号含义	主参数	
			名称	单位
履带式	T	机械操纵式推土机	功率	kW
	TY	液压操纵式推土机	功率	kW
	TSY	湿地液压操纵式推土机	功率	kW
	TMY	沙漠液压操纵式推土机	功率	kW
轮胎式	TL	轮胎式液压操纵式推土机	功率	kW

国产推土机型号表示方法示例如下:

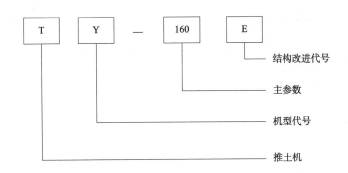

近年来,我国引进了多种推土机型号,也有按引进机型号生产的推土机。

2. 适用范围

推土机一般适用于季节性强、工程量集中、施工条件较差的施工环境。在道路工程施工中,推土机主要用于路基修筑、填筑堤坝、清除树根、开挖路堑、堆集石渣、平整场地、管道和沟渠的回填以及其他辅助作业等,并可为铲运机与挖装机械松土和助铲及牵引各种拖式工作装置等作业。其运距一般不超过100m,而在30~50m以内效果较好,经济效果也较好,运距过长会降低生产率,如图1-4所示。当运土距离超过75m时,其生产效率显著降低。此外,作业土壤为Ⅲ级以上土壤应予翻松。如土壤中有少量的孤石,应首先破碎再进行作业,孤石过多时不宜使用推土机,否则将会使机械产生剧烈振动和磨损,大大缩短机械的使用寿命。另外推土机在施工准备工作中可以伐树木,清除乱石。

推土机的特点是:构造简单,操纵灵活,运转方便,所需工作面较小,功率较大,行驶速度快,易于转移,能爬30°的缓坡。适用于挖土深度不大的场地平整,铲除腐殖土并运送到附近的弃土区;开挖深度不大于1.5m的基坑;回填基坑和沟槽;堆筑高度在1.5m以内的路基、堤坝;平整其他机械卸置的土堆;

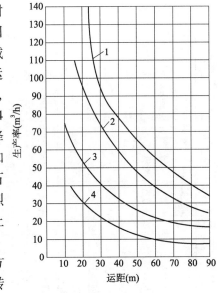

图1-4 推土机生产率与施工条件的关系
1-Ⅰ级土壤运距与生产率的关系;2-Ⅱ级土壤运距与生产率的关系;3-Ⅲ级土壤运距与生产率的关系;4-Ⅳ级土壤运距与生产率的关系

推送松散的硬土、岩石和冻土;配合铲运机进行助铲;配合挖土机施工,为挖土机清理余土和创造工作面。此外,将铲刀卸下后,还能牵引其他无动力的土方施工机械,如拖式铲运机、松土机、羊足碾等,进行土方其他施工过程的施工。推土机的运距宜在100m以内,当推运距离为40~60m时,最能发挥其工作效能。国铲推土机的适用范围见表1-2。

(二)推土机的施工技术

1. 推土机的基本作业

因推土机有直铲、斜铲、侧铲、湿地推土机四种方式,故其基本作业有四种情况。下面以直铲推土机为主分别讲述。

1) 直铲推土机的基本作业

表 1-2 国产推土机的适用范围

型号		额定功率 kW/(马力)	结构质量 (t)	推土板 (长×宽) (m×m)	推土装置 安装方式	推土装置 操纵方式	切土深度 (mm)	松土器 形式	松土器 松土深度 (mm)	经济运距 (m)	接地比压 (kPa)	最大牵引力 (kN)
履带式推土机	移山-80	66.2/(90)	14.9	3.1×1.1 3.72×1.04	固定式 回转式	机械式	180			50~100	63	99
	T80	66.2/(90)	13.5	3.03×1.1	固定式	机械式	180			50~100		90
	T100 (DY100)	66.2/(90)	16.0	3.03×1.1	回转式	机械式	650			50~100	68	90
	TY100 (DY2100)	66.2/(90)	16.9	3.8×0.88	回转式	液压式	300	4~5齿	550	50~100	63	117.6
	TY120A	103/(140)	16.2	3.91×1	回转式	液压式	300			50~100	65	118
	TY120 (上海-120)	88.3/(120)	21.8	3.76×1	回转式	液压式	530			50~100		
	TY180 (T180)	132.4/(180)	36.5	4.2×1.1	回转式	液压式	600	3齿	620	50~100	81	187.4
	TY240	176.5/(240)	37.0	4.2×1.6	回转式	液压式	600			50~150		320
	TY320 (D1554)	235.4/(320)	16.9	4.2×1.6	回转式	液压式	400	多齿	1100	50~150	98	320 360
湿地推土机	TS120	88.3/(120)	12.8	4×0.96	回转式	液压式	400				28	112
轮式推土机	TL160	117.7/(160)	14.0	3.19×1	回转式	液压式				50~80		85
水陆两用推土机		88.3/(120)								作业水深 3m		

推土机的主要基本作业是完成铲土、运土、卸土三个工作过程和一个空载回驶过程，如图1-5所示。提高推土机作业效率的原则是：铲土时，应以最短时间、最短距离铲满土；运土时，应尽量减少土壤漏损，使较多的土运送到卸土点；卸土时，应根据施工条件采取不同的卸土方法，以达到施工技术要求和施工安全；空载回驶时，应以较快的速度驶回铲土点。

a）铲土行程　　　　b）运土行程　　　　c）卸土行程

图1-5　推土机的工作过程

作为直铲式推土机，其基本施工作业包括以下几种。

（1）推土机的铲土作业。

推土机的铲土作业，就是在此作业行程内，使铲刀切入土内一定深度，并以最短的时间、最短的距离，使铲刀前堆满土壤，并用铲刀推动。

推土机铲土的深度视土壤的类别而不同，一般Ⅰ级土壤铲土深度约20cm，铲刀的铲土角可调至60°～65°。在Ⅲ级土壤中铲土深度在10～15cm，其铲土角可调至52°～57°；至于在Ⅳ级以上的黏性土壤内铲土深度应在0～15cm范围内变动，铲土角可调至45°左右，这样所得的效果最好。

推土机的铲土作业又可分为波浪式铲土作业和多刀接力铲土作业两种。

①波浪式铲土作业。推土机开始铲土时，应将铲刀最大可能地切入土中，当发动机稍有超负荷现象时，应将铲刀缓缓提起，直到发动机恢复正常运转，再将铲刀降下切土，起刀时不应离开地面，这样多次起伏，直至铲刀前堆满土壤为止，如图1-6所示。

这种铲土方法的优点是，可使发动机的功率得到最大限度发挥，缩短铲土时间和距离。缺点是空回时由于铲土道的不平，会使推土机产生颠簸。

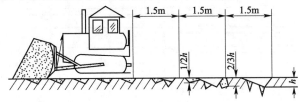

图1-6　推土机波浪式铲土法

②多刀接力铲土作业。为了在最短的时间、最短的距离内铲满土，一般常用多刀接力铲土法，如图1-7所示。这种铲土法是分次铲土、叠堆推运，分次的目的是使柴油机有喘息接力的时间。按铲土距离的不同，此法又分为四刀接力推土、六刀接力推土。

推土机第一次铲土时，应以最大可能切入土中，以刨削式铲土为好，从靠近填土处开始。铲土时，当柴油机稍有超负荷现象时即停止铲土，然后退回。推土机以同样的方法进行第二次铲土，但第二次铲出的土并不向前推，而暂时留在开挖段的端部。继续第三次铲土，此时推土机带着第三次铲的土，沿着前进方向，并把第二次所留的土推送到填土处。这样可以使柴油机功率得到充分利用。

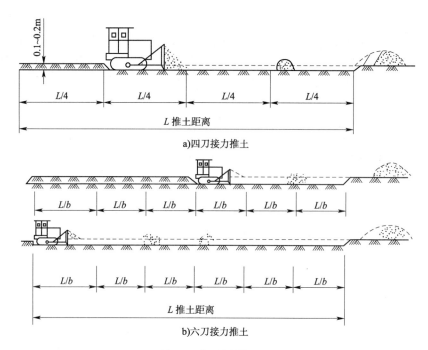

图1-7 多刀接力铲土法

多刀接力推土施工方法可以从图1-8所示进行掌握。在较宽的取土场内,推土机按分段将所切土壤推运至各切土终点处,等作业线上积聚起若干个土堆后,由远而近以土拥土的方法叠送至填方处。多刀推土法和下坡推土法结合使用,能显著提高推土机生产率。

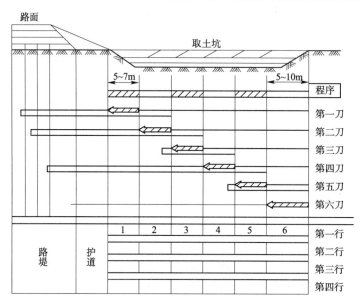

图1-8 多刀推土

(2)推土机的运土作业。

在此作业行程中,为了尽可能地减少运土损失,常用的有沟槽运土(或推土)法、并列推土法以及铲刀加挡板法,如图1-9所示。

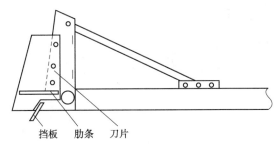

挡板　肋条　刀片

图1-9　铲刀加挡板

①沟槽运土作业。在运送土壤过程中，为了尽可能地减少土壤损失，可在一条固定的作业线上多次推运土壤，使之形成一条土槽，或者利用铲刀两端外漏的土壤所形成的土埂进行运土，如图1-10所示，一般槽深不大于铲刀的高度为宜。

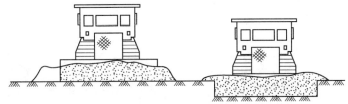

图1-10　推土机沟槽推土法

②并列推土作业。并列推土施工，就是两台以上同类型的推土机同步推土前进，如图1-11所示。这样可以减少运土过程中土壤的损失。但两铲刀之间的距离不宜太小或过大，一般为30cm左右。采用这种方法施工，要求驾驶人操作技术熟练，作业时要注意两者的行进速度和方向，避免碰车。

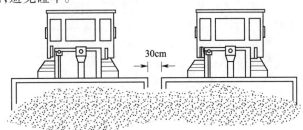

图1-11　推土机并列推土法

③下坡推土作业。即利用下坡时推土机产生的重力分力，加速铲土过程和增大送土量，以提高效率。但下坡角不宜过陡，一般不超过20°，否则空车后退爬坡困难，反而使效率降低。

回转式推土机基本作业与直铲推土机相同。只是它更适合于傍山挖土填筑路堤，以及在狭窄处回填沟槽和平整场地等作业。

推土机在运土作业中，在减少运土过程的损失时，还必须考虑运土距离的恰当配合，这样才能取得最佳经济效果。

（3）推土机的卸土作业。

此作业行程是以提升铲刀来进行的。卸土的方法视施工条件不同而异。图1-12所示为推土机在分层填土行驶时卸土的情况。推土机在前进中要徐徐地提升刀架来卸土，铲刀提升的高度应等于所填土层的厚度。卸土路程的长度为4～6m。

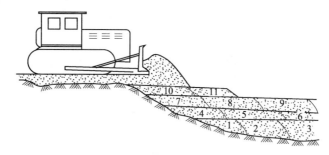

图 1-12　推土机分层填土卸土法

图 1-13 所示为推土机路侧取土坑或路堑运土填筑路堤过程中,在推土机前进或停止后,将推土机铲刀慢慢地提升,以达卸土之目的,如图 1-13a)所示,有时又将铲刀重新放下,让推土机倒退行驶将土拖平一下,如图 1-13b)所示。

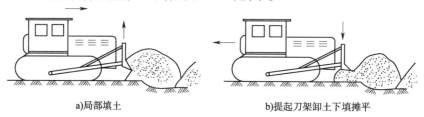

a)局部填土　　　　　　　　　　　　b)提起刀架卸土下填摊平

图 1-13　推土机局部填卸土法

其他如从路堑取土填筑堑沟、山坑以及填筑路堤时,到达边缘前卸土。提升铲刀应在倒车时进行,以防机械翻车,如图 1-14 所示。

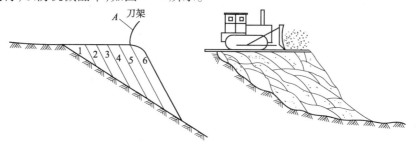

图 1-14　推土机填塞边坡下沟槽卸土法

2)斜铲推土机基本作业

斜铲推土机作业最适宜于傍山挖土填筑路基以及在狭窄处回填沟渠、平整场地等工作。由于斜铲推土机的铲土、运土、卸土三个过程是同时连续进行的,其工作情况与平地机基本相似。因此,在进行平整土壤面层等工作时,大都是采用低挡进行。斜铲平面角(图 1-15)的大小,依据所进行工作的对象不同而不同。一般在推土时为 90°(直铲),平土时为 60°,填土时为 40°。

斜铲推土在傍山取土时,应将铲刀调整为 60° 平面角,然后向坡外平斜,并使其较坡面前端稍有下倾,以便在推土过程中,造成内倾的横向坡度,使机械安全运行。在挖土过程中,坡上的土壤被内角切取后,就沿刀片卸于坡外,形成一条行驶道。随着此道的加宽,当超过刀宽较多时,推土机在切取土壤后就要向外侧转向,卸土于坡下,一次完成全断面的推卸工作。这比直铲推土的效率要高。

图 1-15　斜铲推土机

3）侧铲推土机的基本作业

在挖掘Ⅱ～Ⅳ级的实土堆、小丘、台地以及冰冻土块时，使用一般的直铲、斜铲推土机去铲土时是不能胜任的，因此必须把铲刀刀片调整为侧倾。一般在Ⅳ级土壤上倾角为 $4°\sim8°$，在斜坡上工作时调整为 $5°$。此时只用铲刀的一端进行作业。调整的倾角在 $7°\sim10°$ 时，这样铲刀尖端就能掘进20cm深度，并使土壤在铲刀没有切土的一端下通过。在挖土之后，推土机以全部铲刀长取土，并将其中一部分推向一方，经过几次推土，把峻峭的地形除去之后，再正面铲土、运土。如此之后又继续直铲铲土作业。

调整侧倾铲刀的角度时，如 D80A-12 型推土机，它是液压式自动调整的，而 T1100 型推土机，它的调整却还需要用人力来进行。因此在推土机施工作业中，应尽可能不去调整铲刀以免影响生产。

4）湿地推土机的基本作业

以上所述履带式推土机的基本作业，均指在Ⅰ～Ⅳ类土壤的旱地作业，这类推土机若在含水量高的沼泽泥泞地段施工，常常会使履带打滑，严重的还会使推土机沉陷。为了克服或减少此种情况的发生，目前国内外已设计出一种适于沼泽地泥泞条件下作业的湿地推土机。这种湿地式推土机的基本作业与一般推土机相同，与一般推土机不同的是采用了三角形加宽履带板，使接地比压由 $1.3\times10^9 Pa$ 降低至 $0.3\times10^9 Pa$。

湿地推土机，不但可以用于沼泽地区施工，而且也可以用于一般性质土壤的施工。

5）大面积场地施工作业

（1）一般施工作业。

如果现场内的地形比较复杂，不能直接向指定施工地点推运土方时，应先对现场内的山包、较陡的高地和低洼等特殊地形进行局部施工，使现场尽快地消失原始地形，形成有利于向外推运土方的条件。为迅速达到上述目的，可对施工现场进行分片施工。分片施工是根据现场的面积、地形等情况及所使用的机械力量，将整个施工现场分成若干个区域，施工时，将每个区域当作单独的地基看待，只是土方不作施工处理，仅是以高填低，使各个区域内的高程尽快达到有利于整个现场展开全面施工的程度。进行区域划分时，每一个区域内应既有推方又有填方（以整个现场内的适中高程位置为标准）。若施工面积很大，机械不足以在各区域同时进行施工时，可以按顺序分别进行施工。

现场内如有面积不太大的较高独立山包（与整个施工面积相比较而言），需要全部推平时,应自最高点起推,使整个山包的土扩散开来,至接近周围的高程位置后再向外运土,不要沿山包或高地的根部直接向外运土,这样不利于作业。如现场内离指定的出土方向较远,且低于设计高程的洼地,在分片施工时即应向该处填土,若该区域内的挖方不足以该处的填方时,应在整个现场开始大量向外运土,将此处的差额填足,以免造成填方不足。

现场内局部地区地质较硬又不进行爆破施工时,该处应单独进行施工。当这种地区不处在现场内向外运土路线上时,可将此处的土方送到运土路线上去,不必由此向外运土。因为该处的土质较硬,施工较其他处困难,不向远处的指定位置运土可缩短运距,使该处的施工程度与整个现场的施工程度保持平衡。若这种地区处在现场中间或向外运土的路线上,应在分片施工时加强力量对其处理,使该处的高程低于现场内的普通高程。如果这种地区与整个现场一起施工时,因该处的土质硬,高程降低较其他处的慢,易形成一个凸肚,运土经过这里时很不方便,影响施工进度。

(2)交叉作业。

交叉作业的主要运土路线纵贯整个现场,送土的路线与运土路线呈现横向交叉的形状,参加施工的各种机械,互相交叉进行作业,如图1-16和图1-17所示。

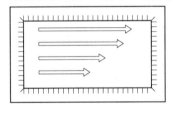
图1-16 交叉作业图

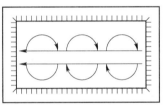
图1-17 交叉作业图

此时担任横向作业的机械,将土方由地基两侧送到运土路线上,担任纵向作业的机械,则将送来的土方沿运土路线推到地基外的指定位置。交叉作业的运土路线位置是根据地形来选择的。如现场宽阔、机械较多,可选两条以上;反之则可只选一条。但在施工进程中,运土路线可在现场内作平等移动,即不是固定在一定的位置上,亦可提高作业效率。

(3)平行作业法。

平行作业法适于土质松软,且整个施工现场的土质相近的大面积上的施工。当现场内的地形均匀地向出土点倾斜,或地面较宽坦,参加机械施工的型号相近时,采用平行作业法更能提高效率。平行作业时,现场内除铲运机外,没有主要的运土路线,每一台推土机的作业路线即为运土路线。所有的推土机都平行地向指定位置运土,如图1-18所示。

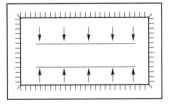
图1-18 平行作业图

进行平行作业时,若机械型号相近,施工场地的地形又许可时,可采取并列推土,使机械队呈扇形面积形状前进。若能组织妥善,配合得当时,每次运土时的遗漏土方极少。如因机械型号不一,现场条件等原因不能进行并列运土时,每台机械所占的工作路线宽度应适宜。一般来讲,功率较大的机械应宽一些,反之则应适当窄一些。各机型的位置在进行一段时间的作业后,应互相调换,以使整个现场内的高程同时均匀下降。进行平行作业的运土线路,在整个现场内呈规则的带状,当铲运机参加施工时,运土路线可插在各推土机之前,并根据施工需要变换铲运路线,以便更好地配合推土机施工。

在实际的施工中,很少自始至终只采取一种作业方法的,一般都是视地形情况、机械力量和工程进展程度变换作业方法,采用综合施工方法。因此,任何施工方法都应结合施工现场的具体条件,灵活掌握作业方法,才能发挥各种作业方法的特点。

6)整平施工作业

对于面积不太大的场地或一般地基,往外运土已接近终了,高程也基本符合要求时,要边送土边进行整平,作业时要注意以下几点:

(1)在大部分土方处理接近末尾时,地基上应留有适量的土,以便于进行整平;

(2)整平应自地基的挖方一端开始,推土机应停平,不能歪斜;

(3)若地基的挖方位置不在一端,则应由挖方处向四周进行整平,这样是为了使整平在较硬的基面上开始,容易掌握铲刀的平衡;

(4)整平时,起推后就推起满铲松土,并保持满铲进行整平,在接近终了时慢慢升铲,使土均匀地铺平在基面上;

(5)整平应保持直线前进,其顺序可由左向右逐铲进行(按推土机前进方向看);

(6)在整平时,除起推点外,尽量不要铲起过多的土来,因此时除起推位置稍高外,其他处的高程已基本合适。若不慎出现了波浪或歪斜,可退回起推点,重推满铲经过该处后即可消除。

整平的遍数按地基的不同要求而定,一般进行二三遍可完全整平。第一遍时,每铲重叠上一铲的1/2左右,整平后地基上基本没有浮土,只剩下均匀的硬土;第二遍时,依次清除硬土,一般不需要再重叠,整平后地基上只有不明显的硬土;第三遍时,清除遗留下来的硬土。整平全部结束时,地基表面应整齐光洁,没有任何硬土。

2. 施工技术

1)填筑路堤施工技术

推土机填筑路堤的作业方式一般均为直接填筑。施工方法主要有两种:即横向填筑与纵向填筑。在平原地区多采用横向填筑,而在丘陵和山区多采用纵向填筑。

(1)横向填筑路堤。

这种作业方式是推土机在路堤的两侧或一侧取土,向路堤依次移送土壤。单台或多台推土机施工时,最好采用分段进行,这样可以增大工作面,分段距离一般以20~40m为宜,每段也可以按班组的能力划分。

在一侧取土时,每段一台推土机,作业线路可采用"穿梭"法进行,如图1-19所示。在施工中,推土机推满土后,可向路堤直送到路堤坡脚,卸土后按原推土路线退回到挖土始点。这样在同一线路中按沟槽运土法送二三刀就可挖到0.7~0.8m。此后推土机作小转弯倒退,以便向一侧移位,仍按同法推邻侧的土壤。以此类推地向一侧转移,直至一段路堤完工。然后推土机反向侧移,推平取土坑所遗留的各条土埂。

当推土机由两侧取土坑推土时,每段最好用两台并以同样的作业法,面对路堤中心线推土,但双方一定要推过中心线一些,并注意路堤中心线的压实,以保证质量。图1-20所示为从双侧取土时作业线路图。当路堤填高时,应分层有序地进行,一般每层厚度为20~30cm,并分层压实。

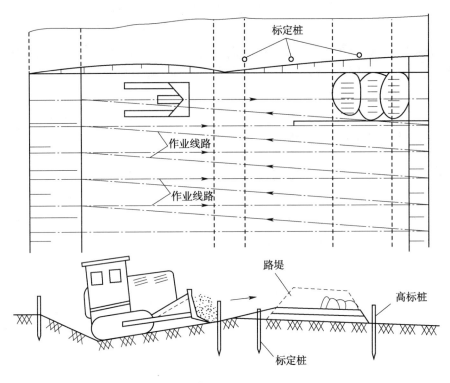

图 1-19 推土机由一侧取土坑取土填筑路堤

当推土机单机推土填筑路堤高度超过 1m 时,应设置推土机进出坡道,如图 1-21 所示。通道的坡度应不大于 1:2.5,宽度应与工作面宽度相同,长度为 5~6m。当采用综合机械化施工时,路堤填筑高度超过 1m 后,多用铲运机完成。

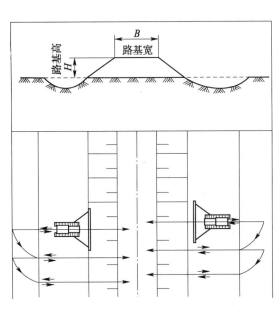

图 1-20 推土机从两侧取土坑取土填筑路堤作业线路图

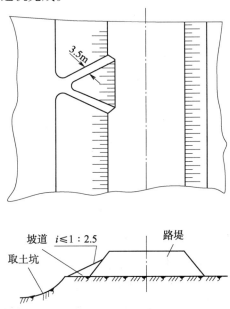

图 1-21 推土机作业坡道设置

（2）纵向填筑路堤。

这种作业方法多用于移挖作填工程,其开挖深度与填筑高度可按设计高程规定,不受其他限制,只要挖方的土壤性质适用于填筑路堤即可。这种施工方法最经济,但应注意开挖部分的坡度不能大于1∶2,开挖中应随时注意复核路基高程和宽度,避免出现超挖和欠挖。在填土过程中,应根据施工地段的施工条件,分层填筑、分层压实。

纵向填筑作业法,如图1-22所示。

图1-22 推土机纵向移挖作业填筑路堤作业法

（3）综合作业法填筑路堤。

这种作业法实际上是横向纵向联合作业。将路堤沿线路60~80m分为若干段,在每段的中部设一横向送土道,采用横向填筑法,将土壤由通道送到路堤上,再由推土机纵向推送散土,分层填筑,分层压实,如图1-23所示。

2）开挖路堑施工技术

用推土机开挖路堑有两种施工情况:一种是在平地上挖浅路堑;另一种是在山坡上开挖路堑或移挖作填开挖路堑。

（1）平地上两侧弃土,横向开挖路堑。

用推土机横向开挖路堑,其深度在2m以内为宜,如图1-24所示。开始推土机以路堑中线为界,向两侧横向按"穿梭"作业法进行,将路堑中挖出的土送至两侧弃土堆,最后,再作专门的清理与平整。如开挖深度超过2m,则需与其他机械配合施工。

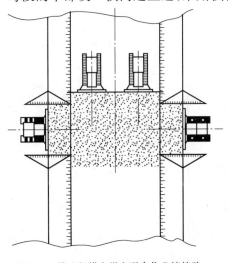

图1-23 推土机横向纵向联合作业填筑路堤示意图

此外,对上述施工作业,推土机也可用环形作业施工,如图1-25所示。施工时推土机可按椭圆形或螺旋形路线运行,这种运行路线可以对弃土堆进行分层平整和压实。

不论采用何种开挖路堑和施工作业方法,都应注意排水问题,绝对不允许使路堑的中部下凹,以免积水。在整个路堑的开挖段上,应做出排水方向的坡度以利排水。在接近挖至规定断面时,应随时复核路基的高程和宽度,以免出现超挖或欠挖。通常在挖出路堑的粗略外形后,多采用平地机来整修边坡和边沟。

（2）纵向开挖山坡路堑。

纵向开挖山坡路堑有开挖傍山半路堑和深路堑的区别。

①开挖傍山半路堑。一般应用斜铲推土机进行,开挖时先由路堑边坡上部开始,沿路中线行驶,逐次由上而下,分段分层,逐步将土送至坡下填筑路堤处,由于推土机沿山边施工,要特别注意安全。推土机应在坚实稳定的土壤上行驶,填土时应保持道路内侧低于外侧,行驶纵坡坡度不要超过推土机的最大爬坡角(25°)。

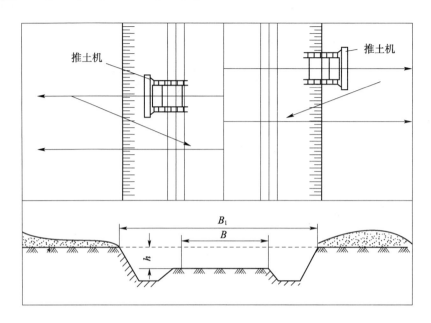

图 1-24　推土机在平地横向开挖路堑施工作业图

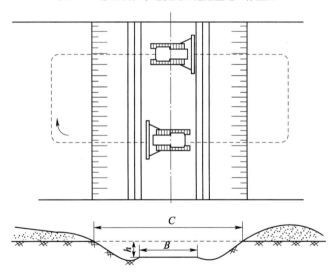

图 1-25　推土机环形作业法开挖路堑施工作业示意图

　　推土机平面斜角的调整,应根据土壤性质进行。在Ⅰ、Ⅱ级土壤上施工时,可调至60°;Ⅲ、Ⅳ级土壤上可调至45°。推土时用铲刀的右角切入土壤。使被切下的土壤沿刀身向外送出。

　　推土机开挖山边半路堑时,如果山坡不大(25°以下),也可用直铲推土机,但在下坡送土时,最好铲土数次将土壤聚成堆后,再将土壤一起推送到边坡前沿。这样不但可以借助于下坡推土法以提高推土机的生产率,而且工作也较安全。必须注意:每次推送土壤时,铲刀应离边坡1～2m,不准把铲刀低靠边坡尽头,同时过坡边缘的松土要经常保持稍高的土堆,以确保工作的安全。

②开挖深路堑。开挖深路堑运土填筑路堤施工时,应首先做好准备工作。要在开挖路堑的原地面线顶端各点和填挖相间的零点,都立起小标杆,同时挖平小丘,使推土机可以进入施工现场,如果推土机能够沿斜坡驶至最高点时,则可以由路堑的顶点开始,逐层开挖推送至路堤处。开挖时可用 1~2 台推土机沿路中心线的平行线进行纵向堆填,如图 1-26a)所示。等路堑挖至其深度的一半时,再用 1~2 台推土机,横向分层推削路堑斜坡,如图 1-26b)所示。由斜坡上往下推的土壤仍由下面的推土机送到填土区,这样挖到路堑与路堤全部完成为止。

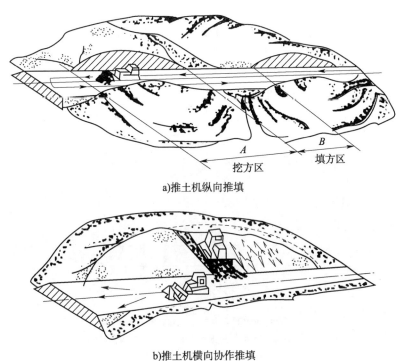

图 1-26 推土机深挖路堑作业

这种深路堑的开挖顺序如图 1-27 所示。而且每层可按沟槽推土法开挖,并尽量利用地形做到下坡推土。

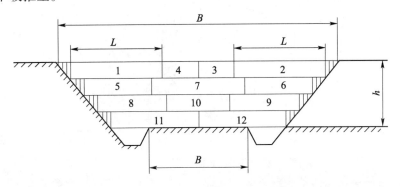

图 1-27 推土机开挖路堑通行顺序横断面图

二、任务实施

(一)准备工作

(1)平整的场地一处,PD120直铲推土机一台。

(2)柴油、柴油机润滑油、润滑脂、制动液、冷却液、蓄电池补充液。

(3)加油桶、常用手工具、包皮布等物品。

(二)技术要求与注意事项

1. 推土机的仪表及操纵装置

驾驶人在驾驶推土机之前,必须熟悉驾驶室内的仪表和操纵装置。这些仪表和操纵装置因车型而异,但其功用和使用方法基本相似。为了正确无误地使用推土机进行各种作业,下面以PD120直铲推土机驾驶室为例,作简要图示介绍。图1-28所示为PD120直铲推土机驾驶室仪表板图;操纵机构位置如图1-29所示。

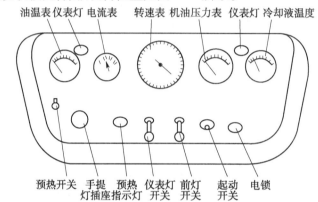

图1-28 PD120直铲推土机驾驶室仪表板图

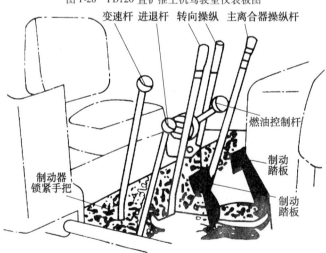

图1-29 PD120直铲推土机操纵机构位置图

2. 推土机正常使用时仪表的范围

推土机正常使用的主要参数见表1-3。

推土机正常使用的主要数据　　　　　　　表1-3

仪　表	范　围
冷却液温度表	70~90℃
电流表	指向"+"或"-"
转速表	500~1500r/min
机油压力表	0.245~0.294MPa(1500r/min) ≥0.049MPa(500~600r/min)
油温表	45~90℃

3. 推土机安全操作基本要求

1) 作业前的准备

(1) 了解作业区的地势和土壤种类,测定危险点及选定最佳的施工方案。

(2) 如果作业区有巨块石头或大坑时,应预先清除或填平。

(3) 起动前,应将所有的控制杆置于"中间"或"固定"位置。

(4) 履带式推土机的履带松紧要适度,且左右相同。轮胎式推土机轮胎气压必须符合要求,各轮胎气压应保持一致。

(5) 检查燃油、润滑油和冷却液及其系统,其量必须符合要求,其系统不得有泄漏。

(6) 进行保修或加油时,发动机必须关闭,推土机铲刀及松土器必须放下,制动锁要在"锁住"状态。

(7) 检查电气系统、操作系统及工作装置,各部分必须处于良好的工作状态,必要时进行调整;并检查各仪表工作是否正常。

(8) 发动机传动部分带有胶带连接的推土机,不得用其他机械推拉起动,以免打坏锁轴。

2) 作业与行驶要求

(1) 除驾驶室外,机上其他地方禁止乘人;行驶中任何人不得上下推土机。

(2) 行驶时,铲刀离地面40~50cm。

(3) 严禁在运转中、斜坡上进行紧固、维护润滑和修理推土机。

(4) 上下斜坡时,先选择最合适的斜坡运行速度,应直接向上或向下行驶,不得横向或对角线行驶,下坡时,禁止空挡滑行或高速行驶;下坡时应放下推土铲与地面接触倒退下坡;避免在斜坡上转弯掉头,轮胎式推土机不能在坡度较大的场地作业。

(5) 在坡地工作时,若发动机熄火,应立即用三角木将推土机履带楔后,将离合器置于脱开位置,变速杆置于空挡位置,方能起动发动机,以防推土机溜坡。

(6) 工作中驾驶人需要离开推土机时,必须将变速杆置于空挡位置,将推土机铲刀放下并将机器制动和关闭发动机后方可离开。

(7) 在危险或视线受限的地方,一定要下机检视,确认能安全作业后可继续工作,严禁推土机在倾斜的状态下爬过障碍物;爬过障碍物时不得分离主离合器。

(8) 避免突然起动、加速或停止;避免高速行驶或急转弯。

(9) 填沟或回填土时,禁止推土机铲刀超出沟槽边缘,可用后一铲推前一铲土的方法进行填方,并换好倒车挡后,才能提升推土机铲进行倒车;在深沟、陡坡的施工现场作业时,应有专人指挥,以确实保证安全。

(10)多台推土机在联合作业时,前后距离应大于8m;左右距离应大于1.5m;若工程需要并铲作业时,必须用力学性能良好、机型相同的推土机,驾驶人必须技术熟练,雾天作业时必须打开车灯。

(11)在垂直边坡的沟槽作业时,对于大型推土机,沟槽深度不得大于2m,小型推土机沟槽深度不得大于1.5m,若超过上述规定时,必须按规定放安全装置或采取其他安全措施后,方可进行施工。

(12)轮胎式推土机用于除冰、除雪作业时,轮胎要加防滑链。用于清除石料作业时,要增加轮胎保护链。

(13)清除高过机体的建筑物、树木或电线杆时,应根据电线杆的结构、埋入深度和土质情况,使其周围保持一定的土堆,电压超过380V的高压线,其保留土堆大小应征得电业部门或电业专业人士的同意。

(14)在爆破现场作业时,爆破前,必须把推土机开到安全的地带。进入现场,操作人员必须了解现场有无瞎炮等情况;确认安全后,方可将推土机开入现场,若发现有不安全之处,必须待处理后方可再继续施工。

(15)若必须要在推土铲下作业,则首先要将推土铲升到所需位置,先锁好分配器,锁住安全销,并用垫木将推土机和铲刀垫牢固后,方可进行作业。

(16)履带推土机长距离转移时,必须用平板车装运;装运时变速杆应处于空挡位置,制动杆、安全锁杆必须置于锁住位置,并用垫木将履带楔紧,用强度足够的铁丝将机体固定。特殊需要作长距离行驶时,应采取防护措施,行走装置要注意加注润滑油。

(17)履带推土机不准在沥青路面上行驶。必须通过时应铺设道木,垂直通过,禁止转向。通过交叉路口时,应注意来往行人和车辆。

(18)倒车时,应特别注意块石或其他障碍物,防止碰坏油底壳。

3)作业后的要求

(1)推土机应停放在平坦、坚实安全、不妨碍交通的地方,冬季应选择发动机背风朝阳的地方,铲刀着地。

(2)熄火前应将发动机怠速5min,把变速杆置于空挡位置,把制动杆、安全锁杆置于锁住位置。

(3)按规定对推土机进行维护。

(三)操作步骤

推土机操作人员在进行作业操作时,不仅要按一定的方向驾驶推土机,而且应该会克服障碍,在没有道路的地方或疏松的土壤上行驶,同时,还应会操纵、利用铲刀完成推土机的作业过程。

1. 推土机驾驶准备及步骤方法

熟悉驾驶室与操作台,驾驶前的检查、驾驶步骤及方法如下。

1)驾驶前的检查

(1)检查漏油、漏水。在机械四周巡视一下,看是否有漏油、漏水和其他异常现象。特别要注重高压软管接头、液压缸、最终传动、支重轮、托轮浮动油封处和水箱密封情况。

如发现泄漏和异常情况,应加以修复。

(2)检查螺栓、螺母。检查外部连接件、紧固件、操纵连接结构等,易发生松动部位的螺栓、螺母的紧固程度,必要时,应予拧紧。

(3)检查电路。电线有无损坏、短路及端子是否松动。

(4)检查冷却液液位。卸下散热器盖检查冷却液液位,若不足时,应予补充冷却液。冷却液过热时,要慢慢拧松散热器盖,使内部压力释放后再打开,以免热冷却液喷出。

(5)检查燃油油位。卸下加油口盖后,抽出燃油标尺检查油位。每次完工后,从加油口处加满燃油。要随时检查和清理盖上的通气孔,如堵塞,可能影响发动机的供油。

(6)检查发动机油底盘的油位。机油油位应在规定位置。检查油位,要把机械停在水平地面,发动机停止15min后进行。

机油的型号根据环境温度和随机使用说明书上"燃油、冷却液和润滑油"表选用。

(7)检查转向离合器箱(包括锥齿轮箱)油位。用油尺检查,必要时从加油口补充油。如在大于25°斜坡上作业,要把油位加到高油位处。

(8)检查变速器(包括液力变矩器箱)油位。发动机停止5min后,用油尺检查油位,应位于油尺的两刻度之间。

(9)检查制动器踏板行程。踏板的标准行程为95～115mm,一旦超过115mm,应进行调整。

(10)检查灰尘指示灯及仪表。发动机起动后,如果灰尘指示灯亮,表示空气滤清器芯堵塞,需立即清理或更换;观察各种仪表是否正常。

2)驾驶步骤及方法

(1)检查各操纵杆起动前的位置。

①发动机油门操纵杆在低速位置。

②制动闭锁杆在闭锁位置。

③变速器变速杆在空挡位置。

④变速器闭锁杆在闭锁位置。

⑤推土铲落到地面,闭锁杆在闭锁位置。

(2)起动发动机。

①油门操纵杆放在低速位置。

②将起动钥匙由"关(OFF)"拨至"起动(START)",发动机起动后,立即松手,使其自动弹回到"开(ON)"的位置。钥匙在"起动"位置的停留时间,一般不超过5s,两次起动间隔不少于30s。发动机长时间停机,或因缺少燃油停机而加注柴油后,应排除燃油系统中的空气。

③发动机起动后的预热及检查:

a.使发动机在低速运行,直到油压表针进入绿色区域内。

b.拉油门操纵杆,使发动机中速空运转约5min。

c.轻载运转,直到冷却液温度表针进入绿色范围内。

d.检查各种仪表指示是否正常,排气颜色是否正常,有无不正常的声音和振动。

(3)行驶。

①释放闭锁手柄,放开推土铲操纵杆、制动踏板和变速杆。

②把铲刀操纵杆推到上升位置,使铲刀上升到离地高度400~500mm,如图1-30所示。
③将松土器提升到最高位置(如有的话)。
④拉油门操纵杆,增加发动机转速,如图1-31所示。

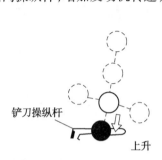

图1-30 铲刀操纵杆操纵示意图

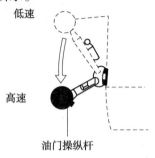

图1-31 油门操纵杆操纵示意图

⑤按动喇叭按钮鸣号。
⑥将变速杆移到所需挡位,使推土机起步,如图1-32所示。
⑦前进变速和倒向行驶。

a. 前进变速:推土机减速后进行变速,这样可防止冲击推土机。踩下离合器踏板,使发动机转速降低。将变速杆调到前进所需挡位。缓慢释放离合器踏板,并使发动机转速增加。

b. 倒向行驶:推土机减速停止,这样可防止冲击推土机。踩下离合器踏板,使发动机转速降低。将变速杆调到倒挡所需挡位。缓慢释放离合器踏板,并使发动机转速增加。

⑧原地转弯(一般情况禁用)。小转弯操纵的同时,踩下同侧制动踏板,推土机就原地转弯。

(4)停车。
①将油门减小,降低发动机转速。
②分离离合器,将变速杆放到空挡位置。
③踩下左右制动踏板。踩动右制动踏板,用闭锁杆锁紧,如图1-33所示,暂时停车不需锁定。

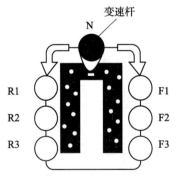

图1-32 变速杆操纵示意图

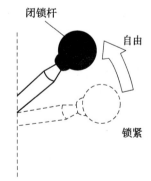

图1-33 制动踏板闭锁操纵示意图

④用闭锁杆锁定变速杆,如图1-34所示,暂时停车不需锁定。
⑤把铲刀操纵杆,拨到下降位置,使铲刀着地,如图1-35所示。
⑥用铲刀闭锁杆,锁定铲刀操纵杆,如图1-36所示。

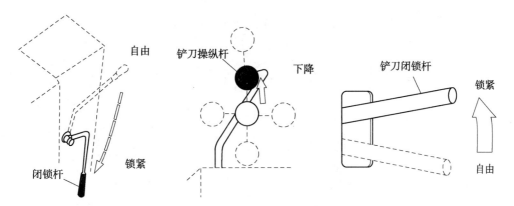

图 1-34　变速杆闭锁操纵示意图　　图 1-35　铲刀操纵杆操纵示意图　　图 1-36　锁定铲刀操纵杆锁操纵示意图

⑦停止发动机。

低速运转5min,使发动机冷却后,再停止发动机。不然,会缩短发动机寿命。

将油门操纵杆拨到低速位置;拉动停车拉手停车;把起动钥匙转到"关"的位置;停机后拔下钥匙。

3)推土机在特殊气候环境中驾驶

(1)寒冷气候。气温过低会使发动机起动困难、冷却液冻结等,对机械产生不利因素。故应采取适当措施。

①按"燃油、冷却液和润滑油"表选用燃油和冷却液。

②当气温低于0℃时,为防止冷却液冻结,可根据最低温度选购相应的防冻液。

③未加防冻剂的水,在冬季夜间要彻底放掉,以防冻裂机件。

④加配好的防冻液之前,应彻底清洗冷却系统。

⑤天气变暖时,放掉防冻液(永久型防冻液除外),并清洗冷却系统后,更换洁净的水。

⑥防冻剂是易燃品,要注意防火。

⑦停工后,夜间要把防腐蚀罐卸下(如有的话),并封好管口,放在温暖处,以防冻结。

⑧尤其要注意,将液压缸活塞杆上的雪或水擦净,不然,如若结冰,会损坏液压缸油封。

⑨气温下降时,蓄电池的能力会降低,往往使充电量减少和电解液冻结。如把蓄电池充电水平保持在接近100%处,并绝缘,能抵抗低温。表1-4是液体相对密度与充电率的关系。

液体相对密度与充电率的关系　　　表1-4

充电率(%) \ 液体温度(℃)	20	0	-10	-20
100	1.28	1.29	1.30	1.31
90	1.26	1.27	1.28	1.29
80	1.24	1.25	1.26	1.27
75	1.23	1.24	1.25	1.26

注:若电解液液位降低,要在早上工作前,补充蒸馏水,这样能防止液体在夜间结冰。

(2)利用乙醚起动发动机(如设置此装置),如图1-37所示。

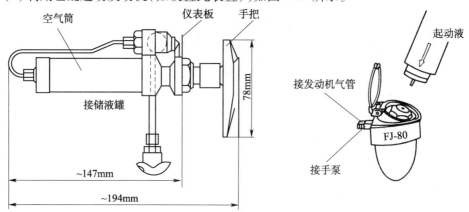

图1-37 乙醚起动装置

①打开储液罐的防尘盖,将起动液压入罐内。根据气温加入适量的起动液(表1-5)。

气温、加液量对照表 表1-5

气温(℃)	-10	-20	-30	-40
加液量(mL)	10	20	25	30

②将发动机油门拨到怠速位置。

③起动发动机的同时,推拉手泵手把,使发动机起动,直至运转正常为止。

④当气温低于-30℃时,可预喷少许起动液,随即起动发动机,同时继续注起动液,直至稳定运转。

⑤起动时,如发生敲击声,应减慢或停止注起动液。调整喷液量,使发动机平稳起动。

⑥起动成功后,剩余在储液罐内的起动液,可留作下次起动用。

根据当地气温选用起动液。0~25℃用CH-20型起动液,10~40℃时选用CH-40型起动液。切勿与进气预热装置一同使用。起动液易燃,应远离热源及避免日晒。

(3)坡上驾驶。

①左(右)转大弯,如图1-38所示,拉右(左)侧转向操纵杆到半程,推土机向左(右)转大弯。

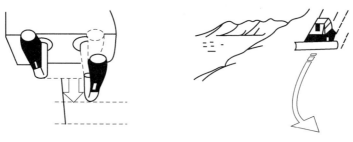

图1-38 推土机转向操纵杆操纵示意图(转大弯)

②左(右)转小弯,如图1-39所示,拉右(左)侧转向操纵杆到底,推土机向左(右)转小弯。

③除特殊情况,推土机不要停放在斜坡上。如需在斜坡上停放,应将车头朝下坡方

向,并锁住制动踏板,坡度大时,可把铲刀轻轻铲入土内,以防推土机下滑。

④推土机在坡上行驶时,纵向坡度不能超过30°,上坡时不能倒退行驶。

⑤坡道上应低速直线行驶,不可在大坡度上横驶和转弯。

⑥不得在陡坡上换挡、穿越障碍物。

⑦如推土机在陡坡上起步时,先踩下左右制动踏板,将变速杆拨到1挡的同时,松放制动踏板。

⑧下坡时转弯与平地转弯操作完全相反(不可用制动踏板转向)。

⑨下坡时,把变速杆拨到低速挡,用发动机作制动,如果发动机超速而发生危险,可用制动踏板减慢车速。

图1-39 推土机转向操纵杆操纵示意图(转小弯)

(4)水中行驶。

①推土机在水中行驶时,首先要查明水深和水下土质情况,以免水位过深和土质受载后下陷而发生事故。

②水位不得浸没托轮,冷却风扇不能与水面接触。

③如在海水或其他有腐蚀水中作业,完工时应用净水将推土机清洗干净。

(5)沙漠中行驶。在沙漠或其他飞扬的散物中行驶,要设法将推土机密封好,并要随时清理空气滤清器。

2. 推土机工作过程

推土机的工作过程包括:铲土、运土、卸土和空回四个工作过程,如图1-5所示。在推土时,它的基本作业程序是:

(1)提起铲刀,空驶到取土地点。

(2)放下铲刀架至一定的位置。

(3)铲挖土壤(铲土),推送至用土地点(运土)。

(4)提起刀架,边退边卸(卸土)。

(5)驶回取土处。

3. 推土板的调整(上海-120型推土机)

调整推土板时,要先将推土板适当地提高,并在拱形架下面用垫木垫牢,以确保安全。

根据作业条件的需要,推土机的推土板可调节成斜铲、侧铲,也可以使推土板改变切土的角度。

侧铲可以使一侧刀尖高于另一侧刀尖25°。斜铲可以使一侧刀尖高于另一侧刀尖300mm左右。推土板的切角度可以由48°调至72°。

1)侧铲的调整

(1)先将锁销拉出,再将两侧撑杆座销从拱形架的撑杆座中拔出。

(2)当需要向左(右)侧偏时,将推土板左(右)撑杆座向后拉,将左(右)撑杆座销插入拱形架后面的销座中,然后再将右(左)撑杆座销插入拱形架的前销座中,并将锁销插入。

当需要恢复直铲时,应先将锁销拔出,再拔出左(右)座销,将推土板转正,将两侧座销插入中间销座,最后将锁销插入,如图 1-40 所示。

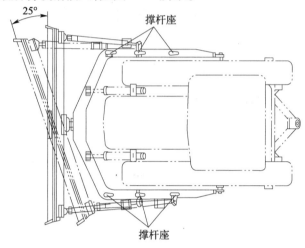

图 1-40 侧铲调整

2)斜铲的调整

(1)将各夹紧螺栓旋松。

(2)用特制扳手将需要降低一侧的上撑杆调整螺杆缩短,同时将另一侧调整螺杆伸长来配合,以达到需要的斜铲角度。若经调节上撑杆还不能满足斜铲要求时,可以调整下撑杆,即将需要降低一侧的下撑杆伸长,也可将另一侧的下撑杆缩短。

(3)调整完毕后,将夹紧螺栓旋紧,将螺杆夹住。

三、学习拓展

(一)推土机其他辅助施工技术

推土机不但可以用于大土方量的工程施工,而且也可以用于其他辅助作业,如平整场地和回填土作业。

1. 平整场地

在平整场地时,一般使用斜铲推土机,在Ⅰ、Ⅱ级土壤上施工,平面角可调至60°。开始平整时,推土机应从已经平整过的相当于设计高程的平坦部位开始。绝对不能在不平的位置处开始平整。否则当推到较远距离时,很容易形成一个斜面。若平整场地较大,最好分若干小区,再在各小区中选定高程,放平推土机再进行平整。

如果场地是松散土壤,平面度也较小,也可用直铲推土机,将铲刀送放在地面上,以倒驶的方法施平。总之在场地平整中,不论前进推平,还是倒驶拖平,在平整过程中,均应随时注意分块比较其平面度,以便随时纠正。

2. 路基涵洞土壤的回填

路基涵洞土壤的回填,在路基基底按设计位置安置后,可用斜铲推土机进行回填工作,回填作业时,从涵洞的两侧交替回填,并尽可能地用分层填土法进行,以免压坏涵管,如图1-41所示。如用直铲推土机回填时,推土机驶离卸土位置时不要提升铲刀,应顺势后拖,顺便摊平土堆。当涵洞上面填土高过1m后,方可在涵洞上行驶。

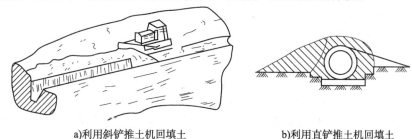

a)利用斜铲推土机回填土　　b)利用直铲推土机回填土

图1-41　推土机回填土和摊平涵洞上土壤

(二)冬、雨季施工技术

1. 冬季施工技术

1)预防冻土的措施

(1)先用松土机将土区域破松30~50cm的深度。

(2)进入冬季施工前,尽量先将土层薄的区域施工完毕,留下土层厚的区域进行冬季施工。

(3)如所挖土层较厚,挖土面积小,而且暂不施工时,可在土壤冻结前用草垫等保温材料遮盖土壤,防止冻结。

(4)实行多台作业,将推土机和人员集中连续施工,使土壤无冻结机会。

(5)根据推土机台班产量,计算出每班或每天的开挖面积,争取做到当日应挖的设计高程。对大填大挖工程可以考虑分块集中施工。

(6)对暂不施工区域,其面层上面的草皮或耕土就尽可能保留不动,待施工时再开挖。

(7)如土壤冻结不深,可在下班前铺一层虚土暂不压实,待第二天工作时再压实。

(8)每班工作完毕后,应将铲刀中余土清除干净。

2)开挖冻土的方法

(1)冻土层在50cm以内可用松土机破松。松土机上的齿数可根据冻土层的厚度及土层的坚硬程度来增加或减少。

(2)冻土层较厚,松土机不能破松时,可先用炸药炸开一个缺口,然后用推土机将冻土推除。

(3)开挖冻土时,最好选用功率较大的液压推土机比较适宜。

2. 雨季施工技术

(1)推土机在雨季施工时,挖土区和卸土区可根据设计要求,在施工中保持平整,并使其具有一定的排水坡度。

(2)雨后及时将现场局部凹坑之处的积水排除掉。如是开挖基坑(槽)、管沟等工程,积水无法排出时,须用抽水机将水抽出或在低凹处挖出积水坑。

(3)推土机行驶道路需在雨季前用干土填垫,使其比原地面高出40~50cm,并修出路拱以利排水。

(4)挖掘深路堑及基坑(槽)、管沟土方工程时,可在施工区两侧或四周做截水沟或土堤挡。这样不致使周围的地面水流入施工区域内。

(5)若填挖面积较大,土层较厚(1.5m以上),施工时可分块挖填成梯形,每梯相差50cm左右,这样雨后可先施工地势较高的区域。回填土需碾压时,应铺好一层土即进行压实,不要间隔时间太长。

(6)集中推土机施工实行分块顺序填挖,工作面不要开得太大。

(7)雨后施工时,推土机行驶要互相保持一定的距离,防止路滑而造成碰撞事故。

(8)推土机在行驶中不能靠近基坑(槽)和管沟,应距沟边5m以外行驶,以免发生事故。

(9)在侧区施工时应随时注意观察施工现场情况,以免塌方。

(10)在斜坡上行驶铲刀应放低,若遇有可能翻车危险的情况时,应立即推下离合器,踩下制动踏板,同时放下铲刀。

(三)影响生产率的因素分析

从推土机生产率的计算公式中可以看出,要提高生产率首先应缩短推土机作业的循环时间,提高时间利用系数。同时,为了提高推土机的生产率,必须增大铲刀前的土壤体积,减少推土过程中土壤的散失,缩短切土、运土及回程等每一工作循环的延续时间。

1. 按施工工艺,提高生产率的措施

按施工工艺,提高推土机生产率有以下措施。

(1)下坡推土。推土机顺地面坡势沿下坡方向推土,借助推土机往下的重力作用,可增大铲刀切土深度和运土数量,可提高推土机能力和缩短推土时间,一般可提高生产率30%~40%。但推土坡度应在0.5以内。

(2)并列推土。对于大面积的施工区,可用2~3台推土机并列推土,如图1-42所示。推土时两铲刀相距15~30cm;倒车时,分别按先后次序退回。这样,可以减少土的散失而增大推土量,能提高生产率15%~30%。但平均运距不宜超过50~75m,亦不宜小于20m;且推土机数量不宜超过3台,否则倒车不便,行驶不一致,反而影响生产率的提高。

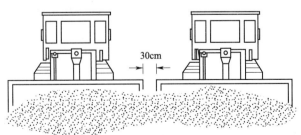

图1-42 推土机并列推土法

(3)分批集中,一次推送。当运距较远而土质又比较坚硬时,由于切土的深度不大,宜采用多次铲土,分批集中,一次推送。以便在铲刀前保持满载,有效地利用推土机的功率,缩短运土时间。

(4)槽形推土。当运距远,挖土层较厚时,利用前次推土的槽形推土,可大大减少土壤散失,从而增大推土量,如图1-10所示。

2. 按其他方法,提高生产率的措施

按其他方法,提高推土机生产率有以下措施。

(1)提高力学性能。提高发动机功率,提供较大的顶推力,以便加大推土板尺寸,增加每次推土量,这是目前普遍采用的措施。

另外,改善牵引性能,以便提供更大的附着能力。

(2)改善土壤性能。装设频爆排土装置,就是在牵引车与推土板之间,装一频爆排土装置,它利用内燃机的燃烧,产生高压气体,再通过快速排气阀,使高压气体冲入土壤,利用气体的猛烈膨胀,使土壤破碎,形成一个爆破坑,从而大大减小了推土机在行进过程中的切削阻力。

另外,在推土机上安装一个大型空气压缩机给高压气流,使之在推土板与土壤之间形成一层气垫,气垫起到了"润滑"推土板与土壤的作用,从而同样可以减轻对推土板的各种阻力,提高了生产率。

总之,影响推土机生产率的因素是多方面的,只要在生产实际中,根据施工条件,因地制宜,注意提高机械人员的技术水平和操作技能及施工管理人员的管理水平,提高生产率是完全可以做到的。

四、评价与反馈

1. 自我评价

(1)通过本学习任务的学习你是否已经知道以下问题:

①推土机的工作过程包括:＿＿＿＿＿＿＿＿＿＿＿＿＿＿＿＿＿＿＿＿＿＿＿＿＿。

②推土机基本的作业方式有:＿＿＿＿＿＿＿＿＿＿＿＿＿＿＿＿＿＿＿＿＿＿＿＿＿
＿＿＿＿＿＿＿＿＿＿＿＿＿＿＿＿＿＿＿＿＿＿＿＿＿＿＿＿＿＿＿＿＿＿＿＿＿＿＿。

③如何调整推土板?＿＿＿＿＿＿＿＿＿＿＿＿＿＿＿＿＿＿＿＿＿＿＿＿＿＿＿＿＿
＿＿＿＿＿＿＿＿＿＿＿＿＿＿＿＿＿＿＿＿＿＿＿＿＿＿＿＿＿＿＿＿＿＿＿＿＿＿＿。

④推土机除进行推土以外,还能完成哪些工作?＿＿＿＿＿＿＿＿＿＿＿＿＿＿＿＿
＿＿＿＿＿＿＿＿＿＿＿＿＿＿＿＿＿＿＿＿＿＿＿＿＿＿＿＿＿＿＿＿＿＿＿＿＿＿＿
＿＿＿＿＿＿＿＿＿＿＿＿＿＿＿＿＿＿＿＿＿＿＿＿＿＿＿＿＿＿＿＿＿＿＿＿＿＿＿。

(2)分析影响推土机生产率的因素:＿＿＿＿＿＿＿＿＿＿＿＿＿＿＿＿＿＿＿＿＿＿
＿＿＿＿＿＿＿＿＿＿＿＿＿＿＿＿＿＿＿＿＿＿＿＿＿＿＿＿＿＿＿＿＿＿＿＿＿＿＿
＿＿＿＿＿＿＿＿＿＿＿＿＿＿＿＿＿＿＿＿＿＿＿＿＿＿＿＿＿＿＿＿＿＿＿＿＿＿＿
＿＿＿＿＿＿＿＿＿＿＿＿＿＿＿＿＿＿＿＿＿＿＿＿＿＿＿＿＿＿＿＿＿＿＿＿＿＿＿。

签名:＿＿＿＿＿＿＿　　＿＿＿年＿＿＿月＿＿＿日

2. 小组评价（表1-6）

小组评价表　　　　　　　表1-6

序　号	评价项目	评价情况
1	相关理论知识学习是否认真	
2	操作的动作、姿势是否正确	
3	自学能力	
4	动手能力	
5	动作的准确性	
6	动作的连贯性	
7	维修车辆的积极性	
8	团结协作情况	

参与评价的同学签名：＿＿＿＿＿＿　　　＿＿＿年＿＿月＿＿日

3. 教师评价

教师签名：＿＿＿＿＿＿　　　＿＿＿年＿＿月＿＿日

五、技能考核标准

推土机驾驶操作

（一）考前准备

（1）成立考评小组。

（2）PD120直铲推土机一台，桩座及彩旗1套，线绳、皮尺、钢卷尺等。

（3）主考教师对推土机技术状况进行校核，对场地进行测校，确保考核顺利进行。

（二）考试内容

1. 考试场地（图1-43）

图1-43　推土机考试场地示意图

（1）车库ABCD：长×宽＝1.5倍车长×（车宽＋80cm）。

（2）场地LMXY：为35m×10m的长方形，四周设立桩座及警戒线，为安全区。

(3)工作场地DEHK：为20m×6m的长方形。
(4)卸土区EFGH：为5m×6m的长方形。
2．操作要求

(1)升推土铲，距地面约0.3m，由车库驶出，进入场地DEHK，对场地进行下挖60mm的施工作业，并将挖掘出来的土方卸到卸土区。要求场地DEHK区域内平整，每延米长度范围内高差不大于20mm。

(2)施工完毕后，升推土铲，距地面约0.3m，将车倒入车库内，要求居中摆放。

(3)倒车入库后，推土铲落下着地。

(4)要求：操作规范正确，起步平稳，一挡匀速运行（推土时），不撞杆，不压线，除换向外，中途不得停车熄火，推土铲运用动作连续，车辆不得驶出场外，时间不超过25min。

(三)评分标准(表1-7)

操作技能考核评分记录表　　　　　　　　　　　　　　　表1-7

序号	作业项目	操作内容	配分	考核内容及评分标准	扣分	得分
1	操作前准备	上车前后的检查、正确起动发动机、起动后仪表的检查	5	(1)上车前不查视外部扣5分； (2)不作必要检查扣5分； (3)每漏检一处扣1分		
			5	(1)上车后不按规定起动发动机扣5分； (2)不检查仪表扣5分		
2	基本驾驶技术	提升推土铲、挡位运用、鸣笛、平稳起步、转向、停车	10	(1)由车库驶出起步不鸣笛扣3分； (2)起步不平稳或挡位运用不当者每次扣2分		
			15	车辆出线(安全线)一次或撞杆、碰杆一次扣5分		
3	施工作业	铲土、运土、卸土和空回、平面控制、深度控制	35	(1)推土铲运用不当(时机)每次扣2分； (2)卸料点推土铲运用不到位每次扣2分； (3)每延米长度范围内高差大于20mm扣2分		
			10	下挖深度高差大于20mm扣2分		
4	停车	倒车方向控制、定点停车	10	(1)入库后，车身摆放前后左右每偏10cm扣2分； (2)摆放不正扣5分； (3)推土铲未落到底扣5分		
5	安全文明	工作态度、工作习惯的养成	5	野蛮操作每处扣2分		
6	计时	熟练程度、操作技巧	5	每超时1min扣1分(不足1min时，按1min计)，超过5min，考核结束 (计时时段：从车辆起步前鸣笛开始，到驾驶人下车后报告"操作完毕"终止)		

续上表

序号	作业项目	操作内容	配分	考核内容及评分标准	扣分	得分
7	否定项	基本素质、基本技能		(1)中途熄火(因机械故障引起的中途熄火除外); (2)不按规定路线行驶; (3)驶出场外(全车有1/3部分出安全区); (4)违反安全操作规程,发生事故		
		合　　计	100			
考核员签字			操作用时		考核日期	年　月　日

注:每个作业项目的配分扣完后,不再扣分。

学习任务2　装载机的技术使用

知识目标

1. 熟悉装载机的分类、特点及适用范围;
2. 掌握装载机的基本操作与安全操作要点;
3. 了解影响装载机生产率的因素。

技能目标

1. 能驾驶装载机进行一般的施工作业;
2. 能根据装卸物料的实际情况选择装载机的施工方法;
3. 能分析影响装载机生产率的因素。

建议课时

14课时。

任务描述

小明和斌斌来到稳定土拌和站,看到有几台装载机正在紧张的工作,他们找到老师问道:"这些铲车正在做什么?我们能不能开?"老师告诉他们,这些车辆不叫"铲车",它们的学名叫"装载机"。我们今天的任务就是学习装载机的操作,并能利用装载机给拌和站上料和给运输车辆装车。

一、理论知识准备

图2-1所示为轮式装载机,图2-2所示为履带式装载机结构图。

图 2-1　轮式装载机

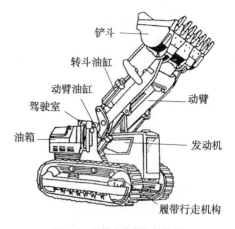
图 2-2　履带式装载机结构图

(一)装载机的分类、特点及适用范围

常用单斗装载机的分类、特点及适用范围见表 2-1。

单斗装载机的分类、特点及适用范围　　　　　表 2-1

分类形式	分　类		特　点　及　适　用　范　围
发动机功率	小型		功率小于 74kW
	中型		功率为 74~147kW
	大型		功率为 147~515kW
	特大型		功率大于 515kW
传动形式	机械传动		结构简单、制造容易、成本低、使用维修较容易,传动系冲击振动大,功率利用差。仅小型装载机采用
	液力机械传动		传动系冲击振动小、传动件寿命高、车速随外载自动调节,操作方便,减少驾驶人疲劳。大中型装载机多采用
	液压传动		无级调速、操作简单、起动性差、液压元件寿命较短。仅小型装载机上采用
	电传动		无级调速、工作可靠、维修简单、设备质量大、费用高。大型装载机上采用
行走系结构	轮胎式	铰接式车架	质量轻、速度快、机动灵活、效率高、不易损坏路面,接地比压大、通过性差、稳定性差,对场地和物料块度有一定要求。应用范围广泛 / 转弯半径小、纵向稳定性好,生产率高。不但适用路面,而且可用于井下物料的装载运输作业
		整体式车架	车架是一个整体,转向方式有后轮转向、全轮转向、前轮转向及差速转向。仅小型全液压驱动和大型电动装载机采用
	履带式		接地比压小、通过性好、重心低、稳定性好、附着性能好、牵引力大、比切入力大、速度低、灵活机动性差、制造成本高、行走时易损路面、转移场地需拖运。用在工程量大,作业点集中,路面条件差的场合
装载方式	前卸式		前端铲装卸载,结构简单、工作可靠、视野好。适用于各种作业场地,应用广
	回转式		工作装置安装在可回转 90°~360°的转台上,侧面卸载不需调车,作业效率高,结构复杂、质量大、成本高、侧稳性差。适用狭小的场地作业
	后卸式		前端装料,后端卸料,作业效率高,作业安全性差,应用不广
	侧卸式		前端装料,侧面卸载,作业效率高,应用于特殊作业场地

（二）装载机的施工技术

1.铲装作业

装载机的铲装作业循环由铲装、运输、卸料和空回四个过程组成。

1)作业准备

(1)接通四轮驱动。

(2)挂上Ⅰ挡进行作业。

(3)清理作业场地;填平凹坑,铲除尖石等损坏轮胎和妨碍作业的障碍物。

2)铲装方式

根据物料种类、状态及位置的不同,可采用如下三种铲装方式。

(1)松散物料的铲装作业。

使装载机以前进Ⅰ挡速度驶近料堆,铲斗底面与地面平行。当距离料堆1m时,下降动臂并将铲斗放至刚刚接触地面,徐徐加大油门前进使铲斗插入料堆中。作业时,铲斗不可插歪、插斜。要求对正、对准物料成直角接近。避免急剧冲装,油门不能开得太大。铲斗铲装过头会造成超载、打滑,降低作业效率。当铲斗切入料堆后,边前进边收斗,并配合动臂上升,以达到装满铲斗为止。装载后,将动臂举升至运输位置;再驶离工作面(装满斗后的装载机应尽量快停车,绝不允许继续往料堆方向前进)。当遇到阻力很大时,采用操纵铲斗或稍举动臂的方法以达到装满为止。其装载过程如图2-3所示。

图2-3 装载机铲装松散物料

铲装作业时,铲斗与动臂操纵手柄在不同位置时的作业情况如图2-4所示。

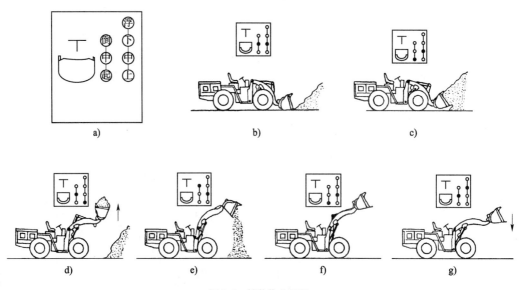

图2-4 铲装作业过程

(2)铲装停机面以下物料(挖掘)。

铲装时,须先将动臂略予提起,转动铲斗使其与地面成一定的铲土角(硬质地面10°~30°,软地面5°~10°),然后前进,使铲斗切入土内,如图2-5所示。切土深度一般保持在150~200mm,直至铲斗装满。装满收斗后,将铲斗举升到运输位置,再驶离工作面,运至卸料处。对于难铲装的土壤,可操纵动臂或铲斗使铲斗稍改变一下铲土角。

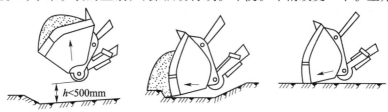

图2-5 装载机铲装停机面以下土壤

(3)铲装土丘作业。

装载机铲装土丘时可采用分层铲装或分段铲装法。分层铲装时装载机向工作面前进(铲斗稍稍前倾),随着铲斗切入工作面,慢慢提升动臂,在铲斗刀刃离开料堆后,将铲斗转至运输位置,如图2-6所示。

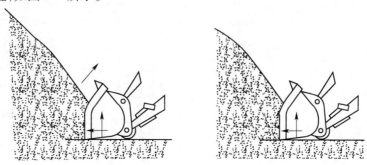

图2-6 装载机分层铲装法

如果土壤较硬,也可以采用分段铲装法,这种方法的特点是铲斗依次进行插入动作和提升动作。其过程是铲斗稍稍前倾,从坡角插入,随着铲斗插入工作面0.2~0.5m深,边继续慢速切入,边间断提升(微量)动臂,边翻转铲斗,直至装满斗。这种方法,由于插入不深,而且插入后又有提升动作的配合,所以插入阻力小,作业比较平稳,但其操作水平要求较高,如图2-7所示。

铲装作业过程中,如遇到物料阻力过大,不要任意加大油门作业。通常当轮胎即将打滑时,装载机发出的力最大,此时就不能再加大油门作业,否则,容易损坏发动机,且浪费燃料。动臂升降和铲斗翻转的快慢决定于发动机油门的大小、各操纵手柄移动量的大小及操作各手柄的快慢,因而在发动机油门大小固定的情况下,可以用微动手柄来达到使动臂或铲斗微动的目的。

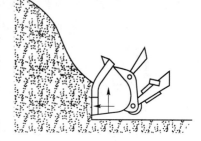

图2-7 装载机分段铲装作业

2. 施工技术

装载机生产率在很大程度上与其作业方式有关。常用的作业方式有如下四种。

1）V形作业法

自卸运输车与工作面呈50°～55°布置，而装载机的工作过程则根据本身结构形式而有所不同。装满斗后，倒车驶离工作面，并掉头50°～55°垂直于自卸车，然后驶向自卸车卸载。卸载后装载机倒车驶离自卸车，然后掉头转向料堆，进行下一个作业循环，如图2-8所示。V形作业法作业循环时间短，在许多场合得到广泛应用。

2）I形作业法

自卸车平行工作面适时地作往复前进和后退，而装载机穿梭式地垂直于工作面前进和后退，所以该作业法又称穿梭式作业法。装载机装满斗后直线后退，同时举升铲斗到卸载高度，自卸车后退到与装载机垂直位置，然后装载机驶向自卸车并卸载。装载机卸载后自卸车向前行驶一段距离，以保证装载机驶向工作面进行下一个作业循环，直至自卸车装满为止，如图2-9所示。I形作业法省去了装载机的掉头时间，对于不易转向的履带式及整体车架轮式装载机比较适用，但增加了自卸车前进、后退的次数。因此，采用这种作业方式的装载机，作业循环时间取决于与其配合作业的自卸车驾驶人的操作熟练程度。

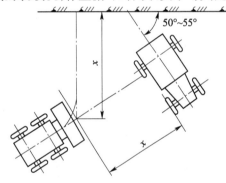
图2-8　V形作业法

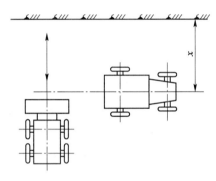
图2-9　I形作业法

3）L形作业法

自卸车垂直于工作面，但距离工作面较远。装载机铲装物料后倒退并掉头90°，然后驶向自卸车卸载。空载的装载机后退并调转90°，然后驶向料堆进行下一次铲装，如图2-10所示。这种作业方式运距较短，作业场地较宽时装载机可同时与两台自卸车配合工作。

4）T形作业法

自卸车平行于工作面，但距离工作面较远。装载机铲装物料后倒退并调转90°，然后再向反方向调转90°驶向自卸车，如图2-11所示。

根据作业场地情况，合理选择装载机的作业方式对其生产效率影响很大。选择作业方式的一般原则是，根据料场及料堆的大小，尽量做到装载机作业时的来回行驶距离短，转弯次数少。装载机的斗容量应与自卸车的车箱容积或装载质量相匹配，通常以2～4斗装满一车为宜。

3. 其他作业

1）卸载作业

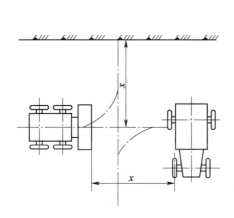
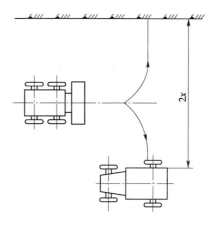

图 2-10　L 形作业法　　　　　　　图 2-11　V 形作业法

装载机驶向自卸车或指定货场,并对准车箱或货台,逐渐将动臂提升到一定高度(使铲斗前翻不致碰到车箱或货台),操纵铲斗手柄前倾卸料(适当控制手柄,以达到逐渐卸料的目的),卸料时要求动作轻缓,以便减轻物料对自卸车的冲击。如果物料黏附在铲斗中,可往复扳动操纵手柄,让铲斗振动,使物料脱落。卸料完毕后,收斗倒车,然后使动臂下降进行下一个作业循环。

2)铲运作业

铲运作业是指铲斗装满后,需运到较远的地方去卸载。通常,在软路面或场地未经平整而不能用自卸车以及运距在 500m 以内,用自卸车装运不经济的情况下,必须用装载机进行铲运作业。

为了安全稳定作业和有良好视线,应将铲斗转至上极限位置,并保持动臂下铰点距地面 400~500mm,运送物料时的行走速度应根据路面条件来决定。

3)推土作业

下降动臂,铲斗平贴地面,使轮胎略有浮起之感,发动机中速运转,向前推进,如图 2-12 所示。在前进中遇有阻力时,可稍微提起动臂后继续前进。因此,动臂操纵手柄应在上升与下降之间随时调整。不能扳到上升或下降的任一固定位置。同时,不准推动铲斗手柄,以保证推土作业顺利完成。

4)刮平作业

铲斗向外翻转到底,使刀板触及地面。

硬质地面,动臂操纵杆应放在浮动位置,软质地面则应放在中间位置,变速杆置于后退挡,用铲斗刮平地面,如图 2-13 所示。

图 2-12　推土作业　　　　　　　图 2-13　刮平作业

为了进一步加工地面,还可以进行精平,将铲斗内装上一些松软土壤,水平放在地面上,向左右缓慢蛇行,边走边压实,可弥补刮平后缺陷。与此方法类似的还有拖平作业,如图2-14所示。

5)压实作业

地面压实作业包括撒土、摊平、碾压与夯实等几道工序。

撒土时,土壤装入铲斗后,在斗底离地80cm处将铲斗向上翘起10°~15°,然后操纵变速杆,快速反复抖动,把所装土壤平均撒布在路面上,如图2-15所示。

撒土后,可利用机械自重前进、后退、往返行驶,进行碾压。经过撒土、摊平、碾压之后,即可夯实(用机体自重和斗底向地面拍打、夯实),如图2-16、图2-17所示。

6)堆土作业

图2-14 刮平后补土

用铲装的物料先做成1∶5的斜坡,并充分压实,如图2-18所示。倾斜面不能过陡,否则会使作业效率下降。然后按照图2-19所示,制作一个使装载机能在上面充分动作的顶面。顶面外周做成圆形作业场并有肩壁。在堆土前缘500mm处即可倾卸物料,然后用铲斗推到顶端而形成。

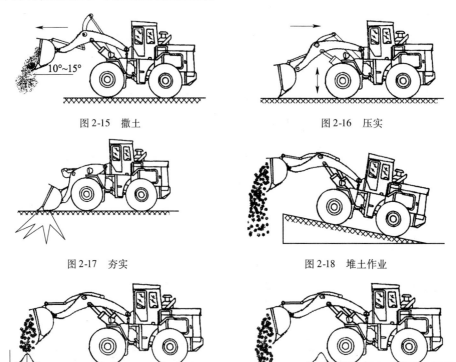

图2-15 撒土　　　　　　　　　图2-16 压实

图2-17 夯实　　　　　　　　　图2-18 堆土作业

图2-19 准备工作面

土肩以外应有足够的积土空地,以便向前扩张,扩大堆土面积。用装载机堆土比用推土机堆土效果更好,不仅可充分压实,而且能按照要求达到很好的堆土效果。

7)换装工作装置

装载机装上不同用途的工作装置后,还可以进行抓取物料、叉装木料等。这些作业可以用抓斗的剪切动作来完成,也可以换装专用装置后完成。

二、任务实施

(一)准备工作

(1)平整、坚硬的场地一处,ZL50装载机一台,自卸翻斗车两辆,黄沙一批。
(2)柴油、柴油机润滑油、润滑脂、制动液、冷却液、蓄电池补充液。
(3)加油桶、常用手工具、包皮布等物品。

(二)技术要求与注意事项

1. 装载机的仪表及操纵装置

驾驶人在驾驶装载机之前,必须熟悉驾驶室内的仪表和操纵装置。这些仪表和操纵装置因车型而异,但其功用和使用方法基本相似。为了正确无误地使用装载机进行各种作业,下面以中国德州德工机械有限公司制造的ZL-50装载机为例,作简要图示介绍,其仪表与操作台示意图如图2-20所示;各仪表和操纵装置的功能及动作见表2-2,操作简图如图2-21所示。

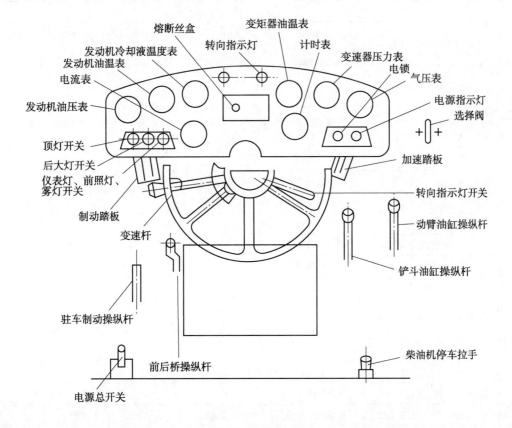

图2-20 仪表与操作台

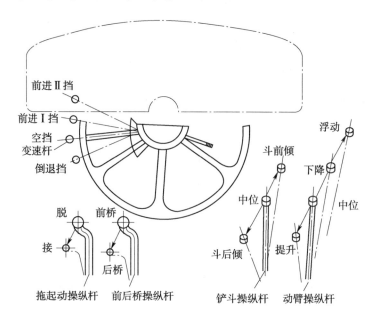

图 2-21 操作简图

装载机各仪表及操纵装置的功用表　　　　　　　　　　　　表 2-2

序号	名　　称	功　能　及　动　作
1	柴油机停油拉手	使发动机停止供油而熄火;拉起手柄后,发动机熄火(熄火时需拉起手柄停留 3~6s)
2	铲斗油缸操纵杆	控制铲斗外翻和内翻,并可自动回中位;向前推,铲斗外翻,向后拉,铲斗内翻,中间位置,铲斗不动
3	动臂油缸操纵杆	控制动臂提升、停止(中位)、下降和浮动,在提升、下降位置时,可自动回中位,浮动位置有锁止功能;向后拉,动臂提升,向前推,动臂下降,再向前推,动臂浮动,中间位置,锁住动臂
4	转向指示灯开关	控制转向指示灯,左、中、右
5	加速踏板	控制发动机转速;踏下,发动机转速增加
6	发动机起动按钮	控制起动机起动;按下时起动,松开停止起动
7	气压表	指示制动系统储气罐充气压力,正常指示压力为 0.67~0.69MPa
8	电锁	控制电路通断
9	变速器压力表	指示换挡操纵阀出油压力,正常工作压力为 1.18~1.57MPa
10	计时表	选装
11	变矩器油温表	指示变矩器油工作温度,正常工作温度为 80~100℃,最高工作温度不得超过 120℃
12	转向指示灯	转向显示(左、右);左(右)灯亮,表示左(右)转向
13	熔断丝盒	电路保险
14	发动机冷却液温度表	发动机冷却液(回水口)温度;正常工作时,适宜温度为 80~90℃
15	发动机油温表	发动机油底壳内机油温度;正常工作时,适宜温度为 45~80℃

续上表

序号	名 称	功 能 及 动 作
16	电流表	电量指示;"(-)"电池放电"(+)"电池充电
17	机油压力表	指示发动机主油道机油压力;196~394kPa(2~4kgf/cm^2)为正常
18	顶灯开关	驾驶室夜间照明
19	仪表灯开关	仪表照明
20	后大灯、前照灯、雾灯开关	夜间工作照明 雾天安全照明
21	制动踏板	控制机械减速或停止
22	变速操纵杆	通过液压系统控制两个前进挡和一个倒挡;前推为一挡,再前推为二挡,在空挡位置向后拉为倒挡
23	驻车制动操纵杆	驻车制动;往上拉制动停车,往下推制动释放
24	电源总开关	控制整车总电源通、断
25	前后桥驱动操纵杆	往前推脱开后桥驱动,仅前桥工作,适用于公路上行驶时使用。作业时往后拉,使前后桥同时驱动
26	选择阀开关	机械在上坡或下坡行驶作业中,此阀处于关闭状态,制动时不改变变速阀油路;机械在正常行驶及作业中,此阀处于开启状态,制动时将改变变速阀油路,使之处于空挡

2. 装载机正常使用的主要数据

装载机正常使用的主要数据见表2-3。

装载机正常使用的主要数据 表2-3

部位名称	技 术 标 准
发动机	(1)正常工作冷却液温度:80~90℃; (2)机油温度:45~80℃; (3)机油压力表读数:正常工作时为0.08~0.45MPa
变速器、变矩器	油压:1.00~1.57MPa;最高油温≤110℃
制动系统	最低气压:0.44MPa;工作气压:0.64~0.76MPa
电流表指示	发动机起动时,指针向左(-)摆动表示蓄电池放电;指针往右(+)摆动表示发电机向蓄电池充电,且充电电流不应大于10A

3. 装载机安全操作基本要求

(1)操作人员必须经过培训,掌握所操作机械的性能构造、操作方法、例保知识以及操作规程,经考试合格获得操作证后,方可独立操作机械。

(2)使用和操作装载机之前必须熟读与该型号装载机有关的各种技术文件和资料,了解装载机的性能与结构特点。掌握每根操纵杆和操纵手柄及各种仪表的位置和作用。以便合理使用装载机,提高使用寿命和劳动生产率。

(3)操作人员不能擅离工作岗位,不准将机械设备交给无本机种操作证的人员操作。

(4)操作人员在工作中必须穿戴劳动保护用品。

(5)操作人员应熟悉有关工作施工规范,服从现场施工管理人员的指挥管理,保质保量地完成工作施工任务。

(6)操作人员对违反机械操作规程规定的指挥调度,有权拒绝执行,任何组织和个人不得强迫操作人员违章作业。

(7)操作人员必须严格执行工作前的检查制度、工作中的观察制度和工作后的检查维护制度。

(8)操作人员应认真准确地填写运转记录、交接班纪录或工作日志。

(9)多班作业要有交接班制度,并要交代清楚机械设备的运转情况、润滑维护情况及施工技术要求等。

(10)严禁操作人员酒后操作机械设备。

(11)驾驶室或操作室内保持整洁,禁放易燃易爆品和其他杂物。

(12)使用的柴油必须纯洁并经过72h的沉淀,柴油牌号应符合规定的质量要求。

(13)变速器、变矩器、液压系统、柴油机等必须按《使用说明书》的要求清洁用油。

(14)在寒冷地区、寒冷季节工作时,需要保温的机械设备,要及时配备保温用品。

(三)操作步骤

1. 作业前的准备

(1)检查轮胎的完好情况及气压是否符合规定标准。

(2)机械在发动前,先将变速杆置于浮动位置,然后再起动发动机。

(3)发动机起动后,空运转待冷却液温度达到55℃及气压表达到0.44MPa后再起步行驶。

(4)一般气温在5℃以下,发动机起动前应用热水或蒸汽进行预热,待预热到30~40℃以上再起动。

(5)作业前,先做无负荷运转3~5min,检查各部是否完好,确认一切正常后,再开始装载作业。

(6)作业前,应检查作业场地周围有无障碍物和危险品,并将施工场地进行平整,便于装载机和汽车的出入。

2. 装载机的基本操作

装载机的基本操作内容及步骤见表2-4。

装载机的基本操作内容及步骤　　　　　表2-4

项　目	操　作　步　骤
驾驶前的准备	(1)安全驾驶常识、设备使用说明书的学习; (2)按要求对机况进行检查: ①油、水、电及其他保证机械设备正常运转的条件是否完备; ②操纵机构和安全部件及机构是否灵活可靠; ③各部螺栓的连接紧固情况; ④各交接点加注润滑脂; ⑤指示仪表、指示灯显示是否正常可靠; (3)周围环境检查及障碍物清除等

续上表

项　　目	操　作　步　骤
发动机起动	(1)起动前应将变速杆置于空挡位置,操纵阀杆置于中间位置,推下驻车制动操纵杆,接通电源开关,微踏下加速踏板,按下起动按钮。一次按下起动按钮时间不得超过5s,5s内不能起动,应立即放开按钮,停歇3~5min后,再做第二次起动,如连续3~4次仍无法起动,则应检查原因后再起动。 (2)起动后应使发动机在低速和中速下进行预热,并密切观察仪表的指示
驾驶姿势	(1)正确的驾驶姿势不仅能减轻驾驶人的疲劳程度,还便于瞭望车辆各方位的情况,便于观察仪表和运用各操纵杆件,有利于安全、持久、灵活地驾驶装载机; (2)驾驶人上车后,身体对正转向盘坐ည,头部端正,两眼平视,座位高低调整到以左脚操纵制动踏板时能自然踩到底为准。左脚经常放在制动踏板的左下方,以便快速操纵制动踏板,右脚放在加速踏板上,驾驶时应保持精力充沛、思想集中和操纵松弛自如姿势。工作时,一手握转向盘,一手握操纵手柄,两眼注视前方,根据需要,及时准确进行操纵
变速	(1)低速挡扭力大,速度慢,适宜起步、上坡和作业时使用。高速挡适用于运距较长或道路平坦情况下使用。 (2)行驶时,根据路况,及时调整转向盘,保持正确的行驶方向,通过控制加速踏板和换挡调整车速,且换挡时应平稳拨动变速杆。 (3)变速杆由一挡加到二挡或由二挡变到一挡时,可直接换挡;改变行车方向时,必须在停车后进行
动臂升降	驾驶人根据作业要求,操纵动臂操纵杆;向后拉,动臂上升;动臂操纵杆处于中位位置,动臂停止动作;向前推,动臂下降,继续向前推,动臂浮动(随地面高低浮动)
铲斗翻转	驾驶人根据作业要求,操纵铲斗操纵杆;向后拉铲斗内翻转;操纵杆回中位,铲斗停止翻转;向前推,铲斗外翻转
停机	(1)踏下制动踏板,使装载机停车,拉动驻车制动操纵杆,将变速杆置于空挡,将铲斗放平落地; (2)逐渐降低发动机转速至急速,运转几分钟后,拉动熄火拉钮,使发动机熄火,然后断开电源总开关; (3)坡道上停车应在轮胎的后(或前)方垫上楔形防滑物

3. 作业和行驶要求

(1)除驾驶室外,装载机上其他地方严禁乘人。

(2)装载时铲斗的装料角度不宜过大,以免增加装料阻力。

(3)装料时应低速进行,不得采用加大油门,高速将铲斗插入料堆的方式进行。

(4)装载时驱动轮如有打滑现象,应微升铲斗再装料,如某些料场打滑现象严重,应使用防滑链条。

(5)在土质坚硬的情况下,不宜强行装料,应先用其他机械松动后,再用装载机装料。

(6)向车上卸料时,必须将铲斗提升到不会触及车箱挡板的高度,严禁铲斗碰撞车箱。

(7)向车内卸料时,严禁将铲斗从驾驶室顶上越过。

(8)当操纵动臂与转斗达到需要位置后,应使操纵阀杆置于中间位置。

(9)装载机不能在坡度较大的场地上作业。

(10)在装载作业中,应经常注意液力变矩器油温情况,当油温超过正常油温时,应停机降温后再继续作业。

(11)装载机一般应采用中速行驶,在平坦的路面上行驶时,可以短时间采用高速挡,在上坡及不平坦的道路上,应采用低速挡。

(12)高速行驶用两轮驱动,低速铲装用四轮驱动,接、脱后驱动桥时,必须在停车后进行。

(13)不得将铲斗提升到最高位置运输物料,运载物料时应保持动臂下交点离地400~500mm,以保证稳定行驶。

(14)通过桥涵时,应先注意交通标志所限定的载重吨位及行驶速度,确认可以通过时再匀速通过,在桥上应避免变速、制动和停车。

(15)涉水时,应在发动机正常有力、转向机构灵活可靠的情况下进行,并应对河流的水深、流速及河床情况了解后再通过,涉水深度不得超过发动机油底壳。

(16)涉水后应立即停机检查,如发现因涉水造成制动失灵,则应进行连续制动,利用发热蒸发掉制动器内的水分,以尽快使制动器恢复正常。

(17)操作人员离开驾驶室时,必须将铲斗落地。

(18)山区行驶可接通拖起动操纵杆,以防止发动机熄火及保证液压转向,拖起动必须正向行驶(ZL50装载机可接通"三合一"机构操纵杆)。

ZL50装载机在3°~4°的长坡道上向下运行时,可采用排气制动。先接通"三合一"操纵杆。此时,发动机熄火,由车轮带动发动机起制动作用。需停止排气制时,可打开停车操纵杆,靠装载机惯性再起动发动机。

(19)机械设备夜间作业时,作业区内应有充分的照明。

(20)严禁机械设备带病作业或超负荷运转。

(21)新配备的或大修后的机械设备开始使用时,应按规定执行走合期制度,在走合期内要按规定减载、限速。走合期满后要按规定进行检查维护。

(22)在公路或城市道路上行驶的机械、车辆,必须严格遵守交通规则和国家其他有关规定。

4. 作业后要求

(1)装载机应放在平坦、安全、不妨碍交通的地方,并将铲斗落地放平。

(2)停机前,发动机应怠速运转5min,切忌突然停车熄火。

(3)机械设备在施工现场停放时,必须选择好停放地点,关闭好驾驶室,有驻车制动装置的要拉上驻车制动操纵杆,坡道上要打好掩木或石块,夜间要有专人看管。

(4)按规定对装载机进行维护。

(5)机械设备在维护或修理时,要特别注意安全,禁止在机械设备运转中冒险进行维护、修理、调整作业,禁止在工作机构没有保险装置的情况下,到工作机构下面工作。

(6)要妥善保管长期停放或封存的机械设备。定期发动检查,确保机械设备经常处于完好状态。

三、学习拓展

1. 几种特殊作业工况的处理

（1）在凹凸不平的路面行驶。在凹凸不平的路面行驶时,不能挂快速挡,而需慢速缓行,采用四轮驱动。行驶速度过快会引起不正常的冲击,而影响机械寿命。如果装载作业要求经常往返行驶,即便浪费时间,也要先整理路面,这样才能提高作业效率。

（2）在软土地带行驶。在软土地带行驶时,要由人先去试走一下,并检查轮胎充气压力是否足够。确认可行时,再先让装载机前轮进入软土,机体重心略向前移动后即停车。验证前轮是否下陷后,再继续前进。如果轮箍已被埋入,则不能再行驶。在软土地带行车时,应尽可能直线行驶,切忌急转弯。如遇轮胎打滑,可略后退,避开打滑处再前进。

（3）在坡道上行驶。在比较陡的坡道上行驶时,要用四轮驱动、低速慢行。在坡道途中不能换挡,更不能利用惯性下滑,要随时注意制动。在坡道上横向行驶时,往往机体稳定性不好,要倍加小心,防止翻车事故。

（4）处理陷车。装载机陷车后,可先将铲斗完全放倒,动臂全下放,使前轮浮起,再将机体后退,同时慢慢提起动臂。如此次反复多次操作,即可脱出,如图2-22所示。

（5）夜间作业。装载机在夜间进行作业时,要特别掌握好行车速度,并与照明配合好。无论物料远近,都会引起错觉。此时,仪表灯和尾灯及前、后照灯都要利用上。一切可以利

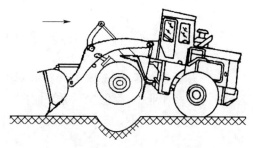

图2-22 处理陷车

用的场地照明也不要放弃。作业过程中要经常注意其他车辆,尽可能不要靠近。倒车时更要加倍注意。

夜间作业时,应带有手电筒。必要时,可发出故障信号,确保作业安全。

（6）水中作业。轮式装载机在水中作业前,应将发动机、变速器、前后桥的下部油堵拧好。作业水深限为轮胎直径的一半。作业后,一定要清洗干净。铲斗与行走装置各部分须进行维护加油,以防锈蚀。

（7）冬季施工。

①做好低温条件下机械的预热发动工作。

②预防冻土:冬季作业时,土壤或物料往往被冻结。这时可用松土机等进行必要的疏松工作;此外,应尽可能在冬季前安排薄土层区域施工,留下厚土层区域进行冬季施工;暂时可不施工的区段,应用草垫等保温材料加以覆盖,防止冻结;任务要求紧急时,可以安排多班连续作业,使土壤或物料没有冻结的机会;每班作业任务完成后,应将铲斗内的余料清除干净,同时还要注意轮胎、履带与地面的冻结。

③铲挖冻料:物料冻结深度在30cm以下时,仍可直接用铲斗铲装。超过30cm时,须用松土机等疏松后才能铲装。如果冻土层太厚,则可用炸药先行炸开再装。每天破松的冻土应当天装完,以免再冻。

（8）雨季施工。雨季,装载机经常在泥水混杂的场地进行作业。施工前,要仔细检查

各部位螺栓是否紧固。必要时涂以防锈油,以防锈蚀。发现机械任何部位有积水,都必须及时排除。工作完毕要仔细清洗,检查零部件损坏情况,连接螺栓是否松动;并要加足润滑油,要特别注意加油点、用具、油脂等处的清洁;检查轮胎轮毂及履带行走机构、最终传动部分是否有积水。发现问题及时解决。雨天还要注意检查空气滤清器的纸质滤芯,如发现堵塞、变质或损坏,应及时清除或更换。

雨季使用装载机必须注意防塌、防潮、防风、防滑等,确保安全作业。施工现场应保持平整,并准备一定的排水坡度,以防积水;雨后,应将局部坑凹处的积水排除干净。无法排水时,用抽水机将水抽出或备一个积水坑,将水引走;为了提高作业效率,应用炉渣等防滑材料铺垫道路。自卸汽车装车前,也可在车箱内撒铺一些炉渣。使土壤或物料不致粘在车厢上;卸料区需碾压时,应在当天下班前用推土机或装载机铲斗推平压实。以免雨后淋湿,第二天无法作业。雨后路滑,装载机应与汽车保持一定距离,防止因路滑而造成撞车事故;山地施工要注意预防塌方;机械停放也不要距离坑边太近,以防翻车事故发生。

2．影响生产率的因素分析

从上述有关的装载机作业方式、施工组织及生产率计算中可以看出,要想提高装载机的生产率,必须做到以下几个方面。

(1)尽可能地缩短作业循环时间,减少停车时间。疏松的物料,用推土机协助装填铲斗,可在某些作业中,降低少量循环时间。

(2)运输车辆不足时,装载机应尽可能进行一些辅助工作。如清理现场,疏松物料等。

(3)若运输车辆的停车位置距离装载机在25m的合理范围内,装载机到运输车辆的运行距离对循环时间影响不大。

运距为100~150m时,生产能力降低十分显著;100~150m以上时,生产能力降低也不太明显,如图2-23所示。

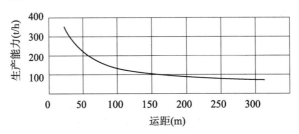

图2-23 装载机生产能力与运距的关系

(4)装载机与运输车辆的容量应尽量选配适当。

(5)作业循环速度不宜太快,否则不能装满斗。每个作业现场的装载作业应平稳而有节奏。

(6)大功率装载机宜作运岩石之用,小功率装载机宜作装运松散物料。

(7)根据实际情况估算的生产率,大约平均等于理论值的60%。

(8)行走速度要合理选择。装有物料的装载机从作业地点到汽车停车处,运距在16m

和 25～30m 时,行走速度为 2.3～6.56km/h,空回程时,可为 2.5～6.85km/h,空行程为 12.7～17.2km/h。一般来说,装载机行走速度增加 1km/h,其生产能力就会提高 12%～21%,如图 2-24 所示。

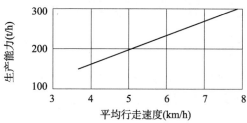

图 2-24　装载机生产能力与行走速度的关系

四、评价与反馈

1. 自我评价

(1)通过本学习任务的学习你是否已经知道以下问题:

①装载机常用的作业方法有:_____
_____。作业循环时间短的是:_____。

②装载机除进行装卸物料以外,还能完成哪些工作?_____
_____
_____
_____。

(2)分析影响装载机生产率的因素:_____
_____。

签名:_____　　____年___月___日

2. 小组评价(表 2-5)

小组评价表　　　　　　　　　　　　表 2-5

序号	评价项目	评价情况
1	相关理论知识学习是否认真	
2	操作的动作、姿势是否正确	
3	自学能力	
4	动手能力	
5	动作的准确性	
6	动作的连贯性	
7	维修车辆的积极性	
8	团结协作情况	

参与评价的同学签名:_____　　____年___月___日

3. 教师评价

_____
_____。

教师签名:_____　　____年___月___日

五、技能考核标准

装载机驾驶操作

(一)考前准备

(1)成立考评小组。

(2)ZL50 装载机一台,桩座及桩杆 22 套,线绳,皮尺,钢卷尺等。

(3)主考教师对装载机技术状况进行校核,对场地进行测校,确保考核顺利进行。

(二)考试内容

1.考试场地(图 2-25)

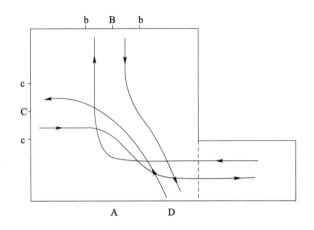

图 2-25 装载机考试场地示意图

(1)车库:长×宽=1.5 倍车长×(车宽+80cm)。

(2)场地:为 2.5 倍车长的正方形。

(3)B 边:为铲货桩位,宽(bb)为车宽+80cm(以 B 边中点为基准)。

(4)C 边:为卸货桩位,宽(cc)为车宽+80cm(以 C 边中点为基准)。

(5)D 点:距 A 边为(车宽+80cm)÷2。

2.操作要求(V 形装卸法)

(1)收铲斗,起动臂约 0.5m,由车库驶出,对准 B 边铲货桩位行驶,途中渐渐落动臂,距 B 边约 1m 时落到底,铲斗到 B 边时放平,前进至前轮到 B 边线处。

(2)收铲斗,起动臂约 0.5m,倒车至 D 桩右侧。

(3)前进向左转,对准 C 边桩位,途中渐渐举升铲斗,前轮到达 C 边线(不得出 C 边线)时,铲斗须升高 2.5m 以上,并处在两桩位之间,倾铲斗,收铲斗。

(4)倒车入库,途中渐渐落动臂,进库后动臂落到底,停车后铲斗放平。

(5)要求:操作规范正确,起步平稳,一挡匀速运行,不撞杆,不压线,除换向外,中途不得停车熄火,铲斗运用动作连续,车轮不得驶出场外,时间不超过 5min。

(三)评分标准(表2-6)

操作技能考核评分记录表   表2-6

序号	作业项目	操作内容	配分	考核内容及评分标准	扣分	得分
1	操作前准备	上车前后的检查、正确起动发动机、起动后仪表的检查	5	(1)上车前不查视外部扣5分; (2)不作必要检查扣5分; (3)每漏检一处扣1分		
			5	(1)上车后不按规定起动发动机扣5分; (2)不检查仪表扣5分		
2	基本驾驶技术	提收铲斗、解除驻车制动、挡位运用、鸣笛、平稳起步、转向、停车	10	(1)由车库驶出起步不鸣笛扣3分; (2)起步不平稳或挡位运用不当者每次扣2分		
			15	车辆出线(安全线)一次或撞杆、碰杆一次扣5分		
3	施工作业	起步、铲料、回程、卸料,控制铲料、卸料	35	(1)铲斗运用不当(时机)每次扣3分; (2)铲斗运用不到位(铲料点、卸料点)每次扣5分; (3)B、C两处车身每偏离10cm扣2分; (4)铲斗及动臂运用与行车不连续每次扣5分 (注:撞杆、碰杆后,不再扣偏离分)		
			10	原地转向每次扣3分		
4	停车	倒车方向控制、定点停车	10	(1)入库后,车身摆放前后左右每偏10cm扣2分; (2)摆放不正扣5分; (3)铲斗未落到底、未放平各扣5分		
5	安全文明	工作态度、工作习惯的养成	5	野蛮操作每处扣2分		
6	计时	熟练程度、操作技巧	5	每超时1min扣1分(不足1min时,按1min计);超时5min,考核结束 (计时时段:从车辆起步前鸣笛开始,到驾驶人下车后报告"操作完毕"终止)		
7	否定项	基本素质、基本技能		(1)中途熄火(因机械故障引起的中途熄火除外); (2)不按规定路线行驶; (3)驶出场外(全车有1/3部分出安全区); (4)违反安全操作规程,发生事故		
	合 计		100			
考核员签字			操作用时		考核日期 年 月 日	

注:每个作业项目的配分扣完后,不再扣分。

学习任务3 挖掘机的技术使用

 知识目标

1. 熟悉挖掘机的功用、分类及适用范围；
2. 掌握挖掘机的基本操作与安全操作要点；
3. 了解影响挖掘机生产率的因素。

 技能目标

1. 能驾驶挖掘机进行一般的施工作业；
2. 能根据装卸物料的实际情况选择挖掘机的施工方法；
3. 能分析影响挖掘机生产率的因素。

 建议课时

16课时。

 任务描述

小明和斌斌到施工一线去学习,看到有一台机械设备正在工作,老师将他们带到挖掘机前说,这是什么机械？如何进行操作？这种机械能够完成哪些施工任务？我们今天的任务就是学习挖掘机的操作,并能利用挖掘机进行开挖工作。

一、理论知识准备

（一）挖掘机的功用、分类与适用范围

1. 功用

挖掘机是工程机械的一种主要机种,是土石方施工工程中的主要机械设备之一。

各种类型与功能的挖掘机,已广泛应用在工业与民用建筑、交通运输、水利电力工程、农田改造、矿山采掘以及现代化军事工程等行业的机械化施工中。据统计,工程施工中有60%以上的土石方量是靠挖掘机来完成的。在各类工程施工中,挖掘机主要用于完成下列工作：

（1）开挖建筑物或厂房基础。
（2）挖掘土料,剥离路面覆盖层、采矿场覆盖层。
（3）采石场、隧道内、地下厂房和堆料场中的装载作业。
（4）开挖新路基、沟渠、运河和疏浚水道。
（5）更换工作装置后可进行起重、装载、打桩、抓取等多种作业。

2. 分类

挖掘机的分类方法很多,可按照挖掘机工作原理与过程、用途、构造特征等进行分类,具体分类方法见表3-1。

挖 掘 机 的 分 类　　　　　　　　　　表3-1

挖掘机分类形式	分　　　类	
作业过程	周期作业式:挖掘、运载、卸载等作业依次重复循环进行。各种单斗挖掘机都属于这一类	
	连续作业式:上述作业同时连续进行。各种多斗挖掘机以及滚切式挖掘机、隧洞掘进机等都属于这一类	
动力来源	电驱动	
	内燃机驱动	
	复合驱动	
动力装置的个数	单机驱动式:以一台发动机驱动挖掘机的全部机构	
	多机驱动式:以若干台发动机分别带动挖掘机的各个主要机构	
传动方式	机械式	
	液压式	
	半液压式	
行走装置	履带式	
	轮胎式	
	汽车式	
	步行式	
	轨道式	
	拖式	
单斗挖掘机按用途分	建筑型:一般可装置各种不同的工作装置,进行多种作业,又称万能式挖掘机	
	采矿型	这三种类型只能装一种工作装置,专门用于某种作业,又称专用式挖掘机
	剥离型	
	隧道挖掘机	
单斗挖掘机按工作装置的连接方式分	工作装置刚性连接	正铲
		反铲
		拉铲
		抓斗
		起重吊钩
	工作装置挠性连接	正铲
		反铲
		抓斗
		装载
		起重

除上述分类外,多斗挖掘机按工作装置的工作原理和构造特征分为链斗式和轮斗式两种,另外还有滚切式和铣切式;多斗挖掘机按工作装置的运动平面与挖掘机运动方向一致或垂直分为纵向挖掘(一致)和横向挖掘(垂直)。

我国单斗挖掘机型号表示标准见表3-2。

国产单斗挖掘机产品型号编制办法表　　　　　　　表3-2

类别	组别	形式	特性	代号	代号含义	主参数代号
挖掘机	单斗挖掘机 W(挖)	履带式		W	机械单斗挖掘机	整机质量等级(t)
			D(电)	WD	电动单斗挖掘机	整机质量等级(t)
			Y(液)	WY	液压单斗挖掘机	整机质量等级(t)
			B(臂)	WB	长臂单斗挖掘机	整机质量等级(t)
			S(隧)	WS	隧洞挖掘机	整机质量等级(t)
		轮胎式 L(轮)		WL	轮胎式机械单斗挖掘机	整机质量等级(t)
			D(电)	WLD	轮胎式电动单斗挖掘机	整机质量等级(t)
			Y(液)	WLY	轮胎式液压单斗挖掘机	整机质量等级(t)

注:该表选自 ZBJ04 008—1988。

例如:整机质量等级为25t的履带式液压单斗挖掘机,其标记为WY25。

3.适用范围

单斗挖掘机根据其工作装置的不同,可适用于不同的工作场合。机械传动的单斗挖掘机工作装置的主要形式如图3-1所示。液压传动的挖掘机工作装置的主要形式如图3-2所示。

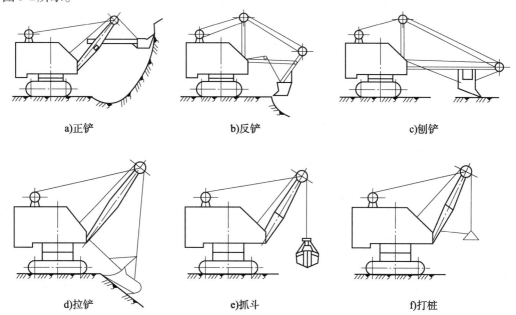

a)正铲　　　　　　　　b)反铲　　　　　　　　c)刨铲

d)拉铲　　　　　　　　e)抓斗　　　　　　　　f)打桩

图3-1　机械传动单斗挖掘机工作装置的主要形式

a)反铲　　　　　　b)正铲

图 3-2　液压传动单斗挖掘机工作装置的主要形式

1）机械传动式

（1）正铲挖掘机。正铲挖掘机是单斗挖掘机的主要形式之一。正铲斗的运动是一条复杂的曲线，它与土壤的性质和状态、切削边的形状和铲斗的提升、推压速度有关。理想的挖掘轨迹是开始一段几乎水平，斗柄以较大的速度外伸，随着铲斗的提升，推压速度降低，待斗齿处于推压轴高度时，推压速度为零，一般情况下，挖掘也就终止。在实际工作中，斗柄外伸以斗柄行程的 2/3 为佳。机器回转角度取决于工作面的布置及运输车辆的位置，多在 15°～180°之间。正铲挖掘机用来挖掘停机面以上的Ⅰ～Ⅳ级土壤或硬土，也可做装载松散材料（碎石、煤等）之用。

（2）反铲挖掘机。反铲挖掘机是正铲挖掘机的一种换用装置。反铲斗的运动轨迹为复杂的曲线，它与动臂变幅速度、斗柄转动速度、铲斗切削边的形状以及土壤的性质、状态有关。反铲在挖掘较窄的沟槽时，铲斗必须在提出工作面后才能回转，它的提升时间大于回转时间。反铲工作循环时间一般要比正铲大 8%～30%。反铲挖掘机用来挖掘停机面以下的工作面，如挖掘基坑及沟槽等。机械传动的反铲挖掘过程由于只是依靠铲斗、斗柄和动臂的质量切入土中，所以它只适宜于挖掘轻级和中级土壤。

（3）拉铲挖掘机。拉铲挖掘机是铲斗作挠性连接的最常用的一种形式。拉铲作业时，如附近有弃土场，则无需运输工具，效率较高。拉铲挖掘机适用于停机面以下的工作，特别适宜于开挖河道等工程。拉铲的挖掘能力受铲斗自重的限制，一般只能挖掘Ⅰ～Ⅳ级土壤。

（4）抓斗挖掘机。抓斗挖掘机也是铲斗作挠性连接的常用的一种形式。抓斗挖掘机可在提升和挖掘深度范围内用来挖掘停机面以上或者以下的工作面，特别适合挖掘深而边坡陡直的基坑和深井，可进行水下作业，其挖掘深度一般比拉铲大 20%～40%。抓斗的挖掘能力因受自重限制，只能挖掘一般土料、沙砾和松散物料。

（5）装有吊钩的挖掘机—起重机。吊钩是挖掘机通常的一种换用装置，用来进行装卸、安装等工作。一般通用式挖掘机都配备有吊钩装置，专用挖掘机必要时也可改装成起重机使用。

（6）装有其他工作装置的挖掘机。除了上述几种形式外，在某些场合，还有刨铲、刮铲、桩锤、夯板等作业装置进行施工。

刨铲用于挖掘停机面以上的土壤，主要用于平整场地。

刮铲用来刮动停机面以上已经松动的土壤，进行坑道、沟漕、基坑等回填工作。

桩锤用于进行打桩。挖掘机在换用桩锤工作装置后,就成为打桩机。

夯板用于夯实土壤,故称为夯土机。

2)液压传动式

液压挖掘机具有挖掘力大、动作平稳、作业效率高、结构紧凑、操纵轻便、更换工作装置容易等特点,近年来发展很快,其主要工作方式有反铲和正铲两种。

(1)反铲。反铲是中、小型液压挖掘机的主要工作装置,主要用于基坑开挖等停机面以下的土方工程,也可以挖掘停机面以上的土方工程。液压挖掘机的挖土动作,主要靠挖掘机动臂、斗杆和铲斗的自重和各工作液压缸的推动力,因此,它的切削力较大。液压挖掘机的动臂可分为组合式和整体式两种。组合式动臂由上下两节或多节组成,其工作尺寸和挖掘力可根据作业条件的变化进行调整。因此,组合式动臂除用于挖掘作业外,还适用于边坡的修整和工作平面的平整。

(2)正铲。正铲挖掘机主要用于挖掘停机面以上的工作面。由于液压挖掘机正铲的动臂摆幅能够变化,因此,也能挖掘停机面以下工作面的土壤。正铲的卸土方式有前卸式和底卸式两种。用反铲改成的正铲斗只能用前卸式卸土。底卸式铲斗靠液压缸打开斗底卸土,以降低卸土高度,减少土对运输车辆的冲击。

在挖掘比较松散的物料或装载散状物料时,正铲斗可换装装载斗。在整机质量不变的情况下,这种铲斗的斗容量可以增加。

液压挖掘机还可以配用其他装置完成不同的作业。通用液压挖掘机只要把斗杆端部的铲斗换成吊钩,就可成为液压起重机。这种起重机起重能力比一般起重机小得多,由于它机动灵活,在一些施工中(如敷设管道)效率比较高。有时为了配合反铲作业,在吊装不太重的物体时,可以直接在反铲斗上安装吊钩。液压挖掘机如装上平整刮刀,可进行推土、平整边坡、基坑等;配上液压镐,可进行岩石、混凝土路面的破碎;装上液压钻,可在地面上钻孔;装上松土器,可以耙黏土和红砂岩等。

挖掘机在公路施工中是土石方工程的一种主要施工机械,可开挖堑壕,挖土填堤。由于挖掘机的特点是挖土效率高,产量大,但它的机动性较差(轮胎式除外),所以选用大型挖掘机施工,要受一定地面条件的限制(它需要有一定的工作面,并要修筑较为平坦的施工便道)。故挖掘机一般使用在公路工程施工期比较长、工程量比较大的集中工程上较为合理。如大路堑的开挖,高填土和大中型桥梁修建等基础工程中。与此同时挖掘机还必须与运输工具配合施工,这样对挖掘机施工组织就带来较大的复杂性。因此,施工前选用挖掘机必须做好细致的施工组织工作。

为了使挖掘机发挥最大效能,在使用挖掘机施工时,对公路工程的最小工程量和最小工作面高度应有所要求。表3-3为正铲挖掘机工作面最小高度限制;表3-4为使用正铲及拉铲挖掘机最小工程量表。

表3-3所列资料是根据同期内,使用挖掘机施工在经济上比较合理的最小工程数量。如果挖掘机固定在一个工地上较长期的使用而不调动,则此项工程数量还可大大地增加。一般可增加两倍以上。

在公路工程中,由于公路工程的线路工程量较多,集中工程量较少,流动性大,所以在施工中多数使用中小型(铲斗容量为$1m^3$以下)的单斗挖掘机或装载机。

正铲挖掘机工作面最小高度限制表　　　　表3-3

铲斗容量(m³) \ 工作面高度(m)	1.5	2.0	2.5	3.0	3.5	4.0	5
Ⅰ~Ⅱ	0.5	1.0	1.5	2.0	2.5	3.0	—
Ⅲ	—	0.5	1.0	1.5	2.0	2.5	3.0
Ⅳ	—	—	0.5	1.0	1.5	2.0	2.5

正铲及拉铲挖掘机最小工程量表　　　　表3-4

铲斗容量(m³)	正铲挖掘机 工程量(m³)	正铲挖掘机 土壤级别	拉铲挖掘机 工程量(m³)	拉铲挖掘机 土壤级别
0.50	15000	Ⅰ~Ⅳ	10000	Ⅰ~Ⅱ
0.50	—	—	8000	Ⅲ
0.75	20000	Ⅰ~Ⅳ	15000	Ⅰ~Ⅱ
0.75	—	—	12000	Ⅲ
1.00	15000	Ⅴ~Ⅵ	15000	Ⅰ~Ⅱ
1.00	25000	Ⅰ~Ⅳ	12000	Ⅲ
1.50	25000	Ⅴ~Ⅵ	20000	Ⅰ~Ⅱ
1.50	40000	Ⅰ~Ⅳ	16000	Ⅲ
1.50	—	—	12000	Ⅳ

(二)挖掘机的施工技术

1. 挖掘机的基本工作过程

各种单斗挖掘机都是循环作业式,每一工作循环包括挖掘、回转、卸料和返回四个过程。现以液压反铲挖掘机为例,说明其循环工作过程。

1)挖掘过程

液压反铲挖掘机的挖掘过程有某一油缸的单一动作,也有各种油缸的复合动作。当仅以斗杆油缸工作进行挖掘时称为斗杆挖掘。这种方法可以得到最大的挖掘深度,并且也有较大的挖掘行程,在较坚硬的土质条件下工作时,能够保证装满铲斗,故挖掘机在实际工作中常以斗杆油缸工作进行挖掘。挖掘机如果仅以铲斗油缸工作进行挖掘时称为铲斗挖掘。这种方法的挖掘行程较短,如使铲斗在挖掘行程结束时能装满土壤,需要有较大的挖掘力以保证能挖掘较大厚度的土壤,所以一般挖掘机的斗齿最大挖掘力都在采用铲斗油缸工作时实现。这种方法常用于清除障碍,挖掘较松软的土壤以提高效率,因此,在一般土方工程中(土壤多为Ⅲ级以下)铲斗挖掘较常采用。在实际挖掘工作中,往往需要采用各种油缸的复合动作。当挖掘基坑时由于挖掘深度较大,并要求有较陡而平整的基坑壁时,则需采用动臂与斗杆两种油缸的复合动作;当挖掘坑底,挖掘行程即将结束时能加速将铲斗装满土,以及挖掘过程需要改变铲斗切削角等情况下,则要求采用斗杆油缸与铲斗油缸的复合动作。

2)回转过程

回转过程是在铲斗装满后,工作装置从工作面旋转到卸土地点的过程。这一过程要求铲斗底部一经离开工作面,便提升动臂(或同时调整斗杆油缸)与调整铲斗转角,以适应所要求的卸土高度。当铲斗回转接近装土车辆时,松开回转手柄,然后便用回转制动器慢慢地制动住转台,并同时卸土。应当注意铲斗回转到装土车辆上空时,回转速度要慢(一般是惯性滑动),制动不能过猛,避免斗中石块抛洒出来砸在车辆上造成事故。

3)卸土过程

当工作装置基本停稳后,翻转铲斗卸土。卸土操作时,要求铲斗中的土石卸下时的土堆中心对准车辆车斗中部。要特别注意掌握铲斗的卸土高度,切不可高抛高卸,以防砸坏车辆。

4)返回过程

卸土完毕后,工作装置应立刻返回工作面。返回过程中,铲斗翻转,然后一边回转一边下降动臂(有时还要调整斗杆油缸),当铲斗对准第二次取土点时,应尽快调整好切削角,使铲斗切入土中,开始重复挖掘动作。返回过程全部采用复合动作,动作要协调,快而准确。

2. 施工技术

1)单斗挖掘机的基本作业

(1)正铲挖掘机。正铲挖掘机的基本作业方法,一般视施工现场具体情况而定,按其开挖方式方法可分为侧向开挖和正向开挖两种。

①侧向开挖。侧向开挖只挖一侧工作面,另一侧敞开,作为车辆的运输路线。此车辆与挖掘机的运行路线平行行驶,靠近挖掘机侧面装料,如图3-3所示。这种开挖方式的主要特点是:卸土时动臂回转角小于90°,而且车辆可以直线进出,不需掉头和倒驶,缩短了工作循环时间,提高了生产率。

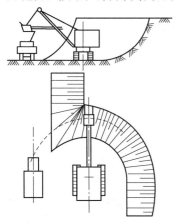

图3-3 正铲挖掘机侧向开挖法

②正向开挖。正向开挖是向工作面的两侧同时开挖,运输车辆的运行路线位于挖掘机开挖路线的正面,装车时车辆停在挖掘机的后方,如图3-4所示。这种开挖方式的主要特点是:挖掘机进行前方挖土,使挖掘机动臂的回转角度大于90°,增加了工作循环的时间,但开挖面较宽。此外,由于运输车辆不能直接开进挖掘道,要掉头和倒驶,形成施工现场的拥挤,使挖掘机不能连续作业,效率降低。因此这种方法只适宜于挖掘进口处时使用。

(2)反铲挖掘机。反铲挖掘机的开挖方法也有两种。

①沟端开挖法。开挖时,挖掘机从沟的一端开始,然后沿沟中线倒退开挖,如图3-5所示。

车辆可停置在沟侧,动臂只要回转40°~50°即可卸料。如挖的沟宽为机械最大挖掘半径的2倍时,车辆只能停置在挖掘机侧面,动臂要回转90°才能卸料。

如果挖掘较宽的渠道时,可分段进行,如图3-6所示。挖掘机在倒退挖到尽头后,在该端调换方向,反向开挖毗邻一段。这种分段法施工,开挖每段时宽度不宜过大,以车辆能在沟侧行驶为原则,这样可以减少每一工作循环的时间,提高机械生产率。此法可挖成较陡的沟坡,甚至垂直的沟坡。

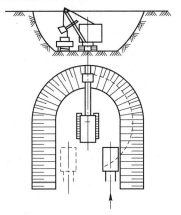
图 3-4　正铲挖掘机正向开挖法

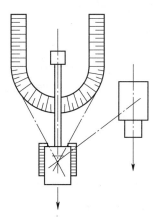
图 3-5　反铲沟端开挖法

②沟侧开挖法。采用沟侧开挖法时,挖掘机沿着沟侧行驶。动臂只需回转小于90°即可卸料,如图 3-7 所示。此法主要是机械沿沟侧行驶挖掘,车辆在未开挖处行驶,较省力,但开挖沟的边坡较大。

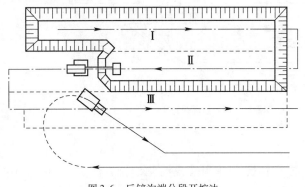
图 3-6　反铲沟端分段开挖法

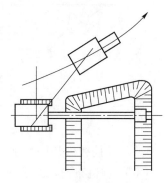
图 3-7　反铲沟侧开挖法

③拉铲挖掘机。拉铲挖掘机的开挖方法与反铲挖掘机的基本相同,不过其挖掘半径较大,而且挖得较深,此外它可卸土于弃土堆的一边或两边。

2)单斗挖掘机的施工作业

挖掘机施工时,不论是开挖路堑还是填筑路堤,均需配合运输机械,只是前者开挖要符合路堑横断面的要求,而后者则不受限制。下面着重介绍汽车与挖掘机配合进行路堑和路堤的施工作业。

(1)正铲挖掘机开挖路堑。

用正铲挖掘机开挖路堑时,一般有两种方法,即正向开挖和侧向开挖。挖掘浅而宽的路堑时,可用全断面正向开挖法,如图 3-8 所示。采用此方法,挖掘机一次向前开挖路堑设计高程。运输车辆在同一平面上,它可以与挖掘机并列或在其后。这样施工比较简单,但挖掘机必须横向位移,方可挖掘到设计高度。正向开挖法除松散土壤外,也适应于其他种类的土壤,但必须是路堑深度不超过挖掘机的最大开挖高度为宜。

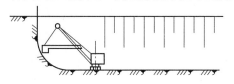

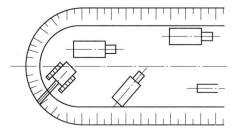

图 3-8 正铲挖掘机全断面正向开挖路堑

在开挖深路堑时,一般可根据其横断面大小划分若干掘进道,采用侧向开挖法来分层挖掘,即挖掘机在纵向行程中先把路堑开挖一部分,运输车辆布置在一侧与挖掘机开挖路线平行。这样往返开挖几个行程,直至将路堑全部挖通。如图 3-9 所示。第一掘进道工作面的最大高度不应超出该类土壤和所用挖掘机所允许的高度,一般以停在路堑边沿的车辆能够装料即可,因此可以浅些;至于其他各次掘进道都可以按要求处于同一水平之上,如图中的 Ⅱ 和 Ⅲ、Ⅴ 和 Ⅵ。这样可以利用前次挖好的掘进道作为运输道,以利挖掘机装卸工作。

各次掘进道完成后,退返或回头作反方向开挖原地的下一掘进道时,都可以根据具体情况来决定,但此时必须注意每一掘进道的排水工作。

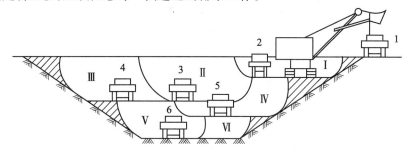

图 3-9 正铲挖掘机分层开挖深路堑
1~6-运输车辆停放位置的顺序;Ⅰ~Ⅵ-挖掘机的挖掘顺序

(2)反铲挖掘机开挖路堑。

反铲挖掘机布置在路堑的附近,根据情况选择沟端或沟侧挖掘方法进行施工。用自卸车与挖掘机配合,将挖掘的土壤移运至卸土场。

(3)拉铲挖掘机开挖路堑。

拉铲挖掘机开挖路堑的方法与反铲的相同,不过其挖掘半径较大,且可挖得较深,因此大多用于挖掘路堑和河渠。图 3-10 所示是拉铲挖掘路堑的情况。

此外,它可卸土于弃土场的一边或两边。在开挖两侧弃土的路堑时,如卸料半径能达到两侧弃土堆时,则挖掘机可停置在路堑中线上,如图 3-10a)所示。在开挖一侧弃土的路堑时,挖掘机偏离路堑中心线沿路堑边缘行进,如图 3-10b)所示,挖掘机行进时其履带至工作面边缘应保持 1.0~1.5m 的距离以利安全。

(4)正铲挖掘机与汽车配合填筑路堤。

挖掘机由借土坑或取土场取土填筑路堤时,对挖掘机本身来说工作比较简单,只要按照以上所介绍的挖掘机基本作业方式进行操作,并在所选定的取土场处开辟有利的工作面,挖出所要求的土壤即可。而挖掘机如何与运输车辆配合施工,则应合理组织。

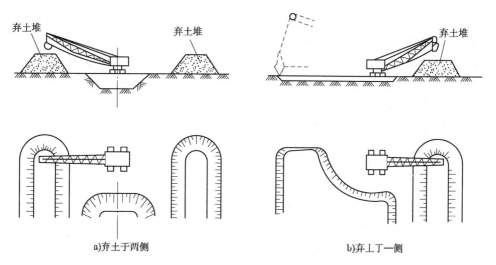

a) 弃土于两侧　　　　　　　　　　　b) 弃土于一侧

图 3-10　拉铲挖掘机开挖路堑示意图

图 3-11 所示为正铲挖掘机与运输车辆(一般均用自卸车)配合填筑路堤时的运行路线图。图中挖掘机在取土场按四个掘进道 1~4 掘进取土,并在汽车装载土壤后按土壤性质及好坏,分两路运送。适用于填筑路堤的土壤即直接运到路堤卸土,卸土时应在边坡桩界内,分层有次序的进行,每层厚度 25~35cm。填土可用汽车本身压实,或用羊角碾和振动压路机碾压。不适用于填筑路堤的土壤由另一路运送到弃土处。

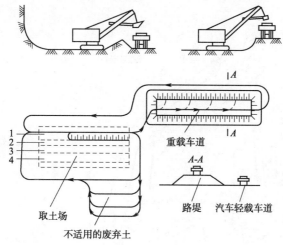

图 3-11　正铲挖掘机与汽车配合填筑路堤的运行路线图
1~4-掘进道

挖掘机与汽车配合作业时,所需汽车的数量,除与挖掘机、汽车的性能、生产率,运输距离、道路情况及驾驶人员的技术熟练程度等因素有关外,还必须与平整、压实等机械(推土机、平地机、压实机械等)的工作量相平衡。这样才可以使所有参加施工的机械发挥最大工效。

运输汽车数量的计算,可以通过预先的估算,得出概数,然后通过实践落实。汽车数量 N 可按下式进行估算。

$$N = \frac{T_1}{T_2}$$

式中:T_1——汽车一个工作循环所用时间(装车、载重行驶、卸土、空载行驶时间总和);

T_2——挖掘机装满一汽车所用时间。

由式(3-1)求出的车辆数 N 一般凑整,使在理论上能有足够的车辆运输。另外还需注意铲车容积比(汽车容量与挖掘机斗容量比)的选择,容积比应随着汽车循环时间的增加而提高。一般取 3~5,不大于 7~8。实践表明,铲车容积比宜取低值,但车厢也不应过小,以免装载不便而延长循环时间,而且容易损坏车厢。

二、任务实施

(一)准备工作

(1)平整的场地一处,EX300-3HHE 挖掘机一台。

(2)柴油、柴油机润滑油、润滑脂、制动液、冷却液、蓄电池补充液。

(3)加油桶、常用手工具、包皮布等物品。

(二)技术要求与注意事项

1.挖掘机的仪表及操纵装置

现以中国安徽省合肥日立挖掘机有限公司生产的 EX300-3HHE 挖掘机为例来介绍挖掘机的仪表及操作装置,其结构简图如图 3-12 所示。挖掘机驾驶室与操作台如图 3-13 所示,各器件的功用见表 3-5。

EX300-3HHE 挖掘机监视盘和开关盘如图 3-14 所示,各器件的功用见表 3-6 和表 3-7。

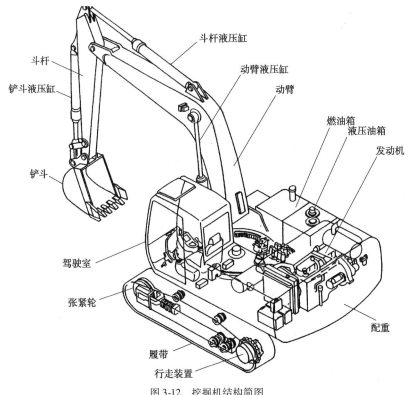

图 3-12 挖掘机结构简图

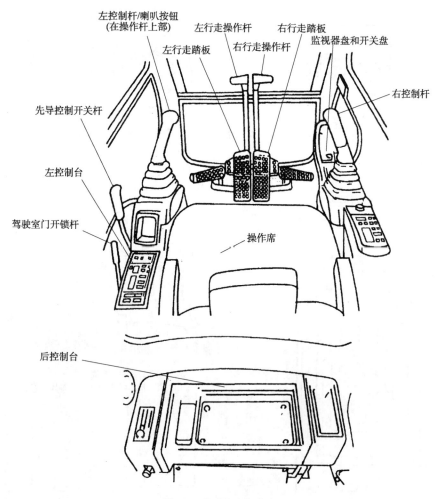

图 3-13 驾驶室与操作台

驾驶室各器件功用表　　　　　　　　　　　表 3-5

序 号	名 称	功 用
1	左控制杆/喇叭按钮(在操作杆上部)	控制转台旋转和斗杆油缸伸缩
2	右控制杆	控制动臂上升或下降和铲斗翻转
3	先导控制开关杆	切断(停机后)或接通(作业前)至先导控制阀的液压先导压力
4	监视器和开关盘	
5	后控制台	
6	左控制台	
7	左行走操作杆	控制挖掘机行走与转向
8	左行走踏板	控制挖掘机行走与转向
9	右行走踏板	控制挖掘机行走与转向
10	右行走操作杆	控制挖掘机行走与转向
11	驾驶室门开锁杆	

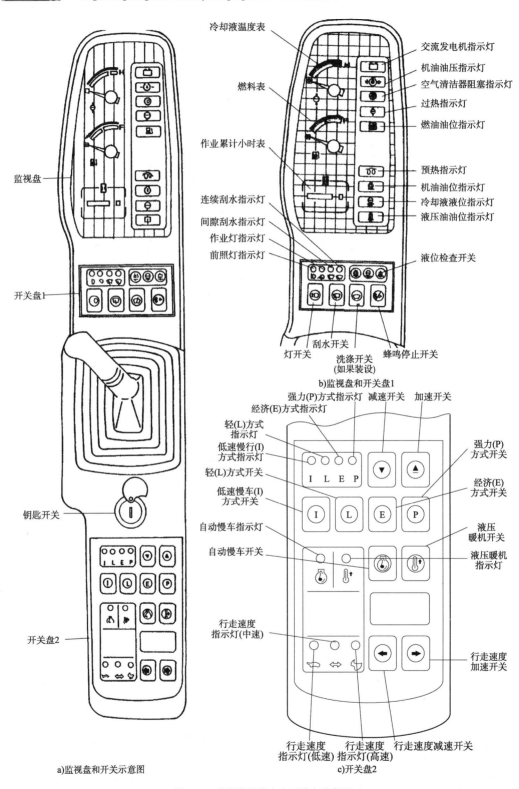

图 3-14 挖掘机监视盘和开关盘示意图

监视器盘与开关盘1　　　　　　　　　　　　　　　　　　表3-6

序号	名　称	功　能　说　明
1	交流发电机指示灯	正常情况下发动机运转时灯熄灭,发动机停机时灯亮
2	机油油压指示灯	
3	空气清洁器阻塞指示灯	空气滤芯阻塞时指示灯亮
4	发动机过热指示灯	发动机过热时指示灯亮
5	燃油油位指示灯	燃油油位过低时指示灯亮
6	预热指示灯	当钥匙开关转至预热位置时,指示灯亮大约20s熄灭,表示预热完成
7	机油油位指示灯	机油油位过低时指示灯亮
8	冷却液液位指示灯	冷却液液位过低时指示灯亮
9	液压油油位指示灯	液压油油位过低时指示灯亮
10	作业累计小时表	记录本机工作时间
11	燃油表	显示燃油箱油量
12	冷却液温度表	发动机冷却液(回水口)温度(℃)
13	液位检查开关器	正常情况下按下开关,机油、液压油、冷却液液位指示灯亮
14	蜂鸣停止开关与蜂鸣器	机油压力低,冷却液温度高,蜂鸣器将鸣响(机油压力低,发动机将自动熄灭,且关不掉蜂鸣器)
15	洗涤开关	开,向风窗玻璃喷洗涤液
16	刮水开关	开,刮水器摆动
17	灯开关	控制工作灯、前照灯、仪表灯亮和熄灭
18	前照灯指示灯	前照灯亮时,指示灯亮
19	作业指示灯	作业时,指示灯亮
20	间隙刮水指示灯	刮水器间隙工作时,指示灯亮
21	连续刮水指示灯	刮水器连续工作时,指示灯亮

开 关 盘 2　　　　　　　　　　　　　　　　　　　　　表3-7

序号	名　称	功　能　说　明		
1	减速开关	要逐渐减小发动转速时,按动此开关		
2	加速开关	要逐渐增加发动转速时,按动此开关		
		特　点	作业要求	发动机转速
3	强力(P)方式开关	高产量	高速高产作业	2200r/min
4	经济(E)方式开关	高效率	一般挖掘装载作业	1800r/min
5	轻(L)方式开关	高精度,低噪声	轻量挖掘装载作业	1450r/min
6	低速慢车(I)方式开关	节省燃料,低噪声	作业暂停	800r/min
7	强力(P)方式指示灯	选择相对应的动力方式时,指示灯点亮		
8	经济(E)方式指示灯			
9	轻(L)方式指示灯			
10	低速慢车(I)方式指示灯			

续上表

序号	名　　称	功　能　说　明
11	液压暖机开关	如果液压油温为30℃以下操作机器时,液压元件可能严重损坏,因此在操作机器之前,要预热液压油至规定温度
12	液压暖机指示灯	
行走方式开关(下面的13~17):挖掘机行走时,可利用行走方式开关设定行走速度。注意:每当改变行走方式速度时,须使机械停驶。		
13	行走加速开关	
14	行走减速开关	
15	行走速度指示灯(高速)	高速
16	行走速度指示灯(中速)	中速
17	行走速度指示灯(低速)	低速
自动空转开关:按下自动空转开关,当控制杆放在中立位置时,几秒之后,自动慢车装置将自动地降低发动机转速,如果任意控制杆被操作,发动机转速将改变至动力选择器设定值		
18	自动慢车开关	
19	自动慢车指示灯	装置工作时,指示灯应亮

2.挖掘机正常使用时仪表的主要数据

挖掘机正常使用时仪表的主要数据见表3-8。

挖掘机正常使用时仪表的主要数据　　　　表3-8

仪　　表	数　　据
电流表	测量范围一般为-40~40A,指针指往"-"方向表示蓄电池放电,指针指往"+"的方向表示蓄电池充电
冷却液温度表	发动机冷却液(回水口)温度,其测量范围一般为40~120℃,发动机正常工作时,冷却液温度应在80~90℃
液压油表	允许液压油的最高工作油温为90℃
燃油表	显示燃油箱油量,实时加油

3.单斗挖掘机安全操作基本要求

1)作业前的准备

(1)向施工人员了解施工条件和任务。内容包括:填挖土的高度和深度、边坡及电线高度、地下电缆、各种管道、坑道、墓穴和各种障碍物的情况和位置。挖掘机进入现场后,驾驶人应遵守施工现场的有关安全规则。

(2)按照日常例行维护项目,对挖掘机进行检查、维护、调整、紧固。

(3)检查燃料、润滑油、冷却液是否充足,不足时应予添加。在添加燃油时严禁吸烟及接近明火,以免引起火灾。

（4）检查电路绝缘和各开关触点是否良好。

（5）检查液压系统各管路及操作阀、工作油缸、油泵等，是否有泄漏，动作是否异常。

（6）检查钢丝绳及固定钢丝绳的卡子是否牢固可靠。

（7）将主离合器操纵杆放在"空挡"位置上，起动发动机（若是手摇起动要注意摇把反击伤人；若系手拉绳起动，不可将拉绳缠在手上）。检查各仪表、传动机构、工作装置、制动机构是否正常，确认无误后，方可开始工作。

（8）发动机起动后，严禁有人站在铲斗内、臂杆上、履带和机棚上。

2）作业与行驶要求

（1）严禁挖掘机在未经爆破的Ⅴ级以上岩石或冻土地区作业。

（2）作业周围应无行人和障碍物，挖掘前先鸣笛并试挖数次，确诊正常后方可开始作业。

（3）在用正铲作业时，除松散土外，其作业面应不超过本机性能规定的最大开挖高度和深度；在拉铲或反铲作业时，挖掘机履带到工作面边缘的距离至少应保持1～1.5m。

（4）作业中遇到较大的坚硬石块和障碍物时，需清除后方可开挖，不得用铲斗破碎石块和冻土，也不得用单斗齿硬啃。

（5）挖掘悬崖时要采取防护措施，作业面不得留有伞沿及摆动的大石块，如发现有塌方的危险，应立即处理或将挖掘机撤离到安全地带。

（6）作业时，必须等机身停稳后再挖土，当铲斗未离开作业面时，不得作回转行走等动作。回转制动时，应使用回转制动器，不得使用转向离合器反转制动。

（7）挖掘机工作时，应停放在坚实、平坦的地面上。轮胎式挖掘机应把支腿顶好。

（8）挖掘机工作时应当处于水平位置，并将走行机构制动。若地面泥泞、松软和有沉陷危险时，应用枕木或木板垫妥。

（9）铲斗挖掘时每次吃土不宜过深，提斗不要过猛，以免损坏机械或造成倾覆事故。铲斗下落时，注意不要冲击履带及车架。

（10）配合挖掘机作业，进行清底、平地、修坡的人员，须在挖掘机回转半径以外工作。若必须在挖掘机回转半径内工作时，挖掘机必须停止回转，并将回转机构制动后，方可进行工作。同时，机上机下人员要彼此照顾，密切配合，确保安全。

（11）装车时铲斗应尽量放低，不得碰撞汽车，在汽车未停稳或铲斗没有超过驾驶室而驾驶人未离开前，不得装车。

（12）挖掘机回转时，应用回转离合器配合回转机构制动器平稳转动，禁止急剧回转和紧急制动。

（13）铲斗未离开地面前，不得做回转、走行等动作。铲斗满载悬空时，不得起落臂杆和行走。

（14）拉铲作业中，当拉满铲后，不得继续铲土，防止超载。拉铲挖沟、渠、基坑等项作业时，应根据深度、土质、坡度等情况与施工人员协商，确定机械离边坡的距离。

（15）反铲作业时，必须待臂杆停稳后再铲土，防止斗柄与臂杆沟槽两侧相互撞击。

（16）履带式挖掘机移动时，臂杆应放在行走的前进方向，铲斗距地面高度不超过1m，并将回转机构制动。

(17)挖掘机上坡时,驱动轮应在后面,臂杆应在上面;挖掘机下坡时,驱动轮应在前面,臂杆应在后面。上下坡度不得超过20°。下坡时应慢速行驶,途中不许变速及空挡滑行。挖掘机在通过轨道、软土、黏土路面时,应铺垫板。

(18)在高的工作面上挖掘散粒土壤时,应将工作面内的较大石块和其他杂物清除,以免塌下造成事故。若土壤挖成悬空状态而不能自然塌落时,则需用人工处理,不准用铲斗将其砸下或压下,以免造成事故。

(19)挖掘机不论是作业或走行时,都不得靠近架空输电线路。机械与架空输电线路的安全距离,必须符合有关规定。

(20)在地下电缆附近作业时,必须查清电缆的走向,并用白粉显示在地面上,并应保持1m以外的距离进行挖掘。

(21)挖掘机行走转弯不应过急。如弯道过大,应分次转弯,每次在20°之内。

(22)轮胎挖掘机由于转向叶片泵流量与发动机转速成正比,当发动机转速较低时,转弯速度相应减慢,行驶中转弯时应特别注意。特别是下坡并急转弯时,应提前换挂低速挡,避免因使用紧急制动,造成发动机转速急剧降低,使转向速度跟不上造成事故。

(23)电动挖掘机在连接电源时,必须取出开关箱上的熔断器。严禁非电工人员安装电气设备。挖掘机行走时,应由穿耐压胶鞋或绝缘手套的工作人员移动电缆,并注意防止电缆擦损漏电。

(24)采用液压平衡悬挂装置的轮胎式挖掘机,作业前应把两个悬挂液压缸锁住。

(25)挖掘机在工作中,严禁进行维修、紧固等工作。工作过程中若发生异响、异味、温升过高等情况,应立即停车检查。

(26)臂杆顶部滑轮的维护、修理、润滑、更换时,应将臂杆落至地面。

(27)夜间工作时,作业地区和驾驶室,应有良好的照明。

(28)操作人员离开驾驶室时,不论时间长短,必须将铲斗落地。

3)作业后的要求

挖掘机工作完毕,应将挖掘机驶离工作地区,放在安全、平坦的地方。将机身转正,使内燃机朝向阳方向,铲斗落地,并将所有操纵杆放到"空挡"位置,将所有制动器操纵杆拉紧,关闭发动机(冬季应将冷却液放净)。按照维护规程的规定,做好例行维护。关闭门窗并上锁后,方可离开。

挖掘机的转移注意事项:

(1)挖掘机可做短距离自行转移时,一般履带式挖掘机自行距离不应大于5km。轮胎式挖掘机可以不受限制。但均不得做长距离自行转移。

(2)挖掘机做短距离自行转移时,应对行走机构进行一次全面润滑,行驶时,驱动轮应在后方,行走速度不宜过快。

(3)履带式单斗挖掘机转移工地,应用平板挂车运输,特殊情况需要自行转移时,要卸去配重,主动轮应在后面,回转机构处于制动,每行走500~1000m时,应检查和润滑行走机构。

(4)轮胎式移动时,应先将挖掘机的挖掘装置置于行走位置,收回支腿。

(三)操作步骤

1. 挖掘机的基本操作内容及步骤见表3-9。

挖掘机的基本操作内容及步骤　　　　　表3-9

项　目	操　作　步　骤
驾驶前的准备	(1)安全驾驶常识、设备使用说明书的学习,按使用说明书的要求,进行起动前的检查; (2)操纵手动控制阀,切断先导控制回路,以防止柴油机带载起动和发生意外事故; (3)主泵吸油油路上的球阀必须放在接通位置,以防止各油路吸空; (4)检查燃油箱、液压油箱油位,不足时添加; (5)检查履带张紧度是否符合要求; (6)检查周围环境,清除施工范围内的障碍物; (7)起动发动机,并使其进入正常运转状态; (8)检查各仪表,并确认机油油压指示灯的指示值为正常; (9)严格遵守安全操作规程,避免安全事故发生
挖掘机的行走	全液压挖掘机的行走与制动器松开是由并联于左右行走液压马达的梭阀控制的。标准的行走位置是张紧轮在挖掘机的前部,行走液压马达在后部,如果位置相反则行走踏板的控制作用将相反。行走前一定要核实行走液压马达的位置
	向前直线行走 ｜ 用脚尖同时踏下两个踏板的前部或向前推两个行走杆
	向后直线行走 ｜ 用脚跟同时踏下两个踏板后部或向后拉两个行走杆
	逆时针旋转 ｜ 用右脚尖踏下右踏板前部,同时用左脚跟踏下左踏板后部;或向前推右行走杆,向后拉左行走杆(图3-15)
	顺时针旋转 ｜ 用左脚跟踏下左踏板后部,同时用右脚尖踏下右踏板前部;或向前推左行走杆,向后拉右行走杆(图3-16)
用单边履带转向	向左前方转向,用右脚尖踏下右踏板前部;向右前方转向,用左脚尖踏下左踏板前部(也可用行走杆完成)。注意:为了保护履带部件,应尽量避免向后行驶转向(图3-17)
中立位置与行走制动	行走踏板和拉杆处于中立时,行走制动器会自动地制动挖掘机。当松开踏板,它们会自动复位,挖掘机将立即停下来。挖掘机在斜坡上行走时,有制动限速阀防止溜坡,使挖掘机不超过最大行走速度。注意:当挖掘机长时间停留在斜坡上时,行走制动必须进一步采取措施,确保安全;一般不允许挖掘机在斜坡上长时间停留
柴油机熄火停车	(1)柴油机熄火前,要把挖掘机停放在安全平坦的地方,并降下作业装置至地面; (2)将自动空转开关关掉,让发动机空转3min(禁止满负荷工况下突然熄火),然后转钥匙开关至OFF(关),此时发动机熄火; (3)拔出开关钥匙,充电指示灯灭,关闭电源总开关; (4)把先导控制开关杆拉到LOCK(锁住)位置,按班后维护规范进行维护

2. 挖掘机工作装置的基本作业

挖掘机工作装置的基本作业如图3-18所示。

(1)反铲作业时,从动轮应在前面,驱动轮在后面。

(2)动臂提升与下降:操纵右手柄到a位置(右后),动臂上升;操纵右手柄到b位置(右前),动臂下降。

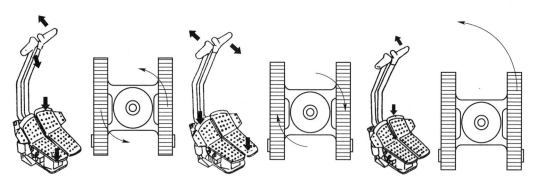

图 3-15　逆时针旋转　　　图 3-16　顺时针旋转　　　图 3-17　用单边履带转向

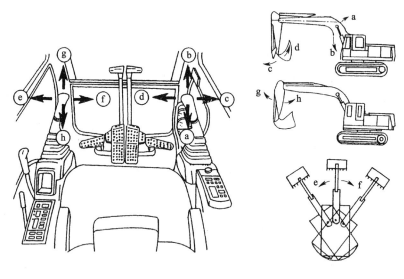

图 3-18　基本作业

（3）铲斗油缸的操纵：操纵右手柄到 c 位置（右外），反铲铲斗上翻转；操纵右手柄到 d 位置（右内），反铲铲斗下翻转。

（4）若按 45°方向操纵右手柄，将会引起相应的动臂与铲斗两个动作同时进行。

bd（右前内）：动臂下降，铲斗下翻转；ad（右后内）：动臂上升，铲斗下翻转；

bc（右前外）：动臂下降，铲斗上翻转；ac（右后外）：动臂上升，铲斗上翻转。

（5）斗杆油缸的操纵：操纵左手柄到 g 位置（左前），斗杆向外摆动；操纵左手柄到 h 位置（左后），斗杆向内摆动。

（6）转台回转操纵：操纵左手柄到 e 位置（左外），上部平台向左回转；操纵左手柄到 f 位置（左内），上部平台向右回转。

（7）若按 45°方向操纵左手柄，将会引起相应的斗杆与转台两个动作同时进行。

ge（左前外）：斗杆向外摆动，转台左转；he（左后外）：斗杆向内摆动，转台左转。

gf（左前内）：斗杆向外摆动，转台右转；hf（左后内）：斗杆向内摆动，转台右转。

（8）制动：放开操纵手柄时，它将回到中间位置，挖掘机的功能将停止。

三、学习拓展

（一）挖掘机的其他作业

1. 拉铲

拉铲作业装置由桁架式动臂、绳轮系统和拉铲斗三部分组成，如图3-19所示。拉铲作业装置动臂较长(>10m)，开挖半径比反铲大，但不如反铲作用灵活，要求操作技术高。主要用于Ⅰ～Ⅲ级土壤的基坑、带状沟槽等地面以下的挖土工程，不论其土壤含水量大小，即使在水下也可以进行拉铲开挖；用于填筑路堤等回填土工程时，可以直接将回填土甩在旁边，简化了运输设备的运输。

2. 抓斗

机械传动的抓斗挖掘机主要由动臂、绳轮系统和抓土斗等组成，如图3-20所示。由于抓斗的生产效率低，所以在应用上也就受到限制，它主要用于开挖土质较为松软的、截面尺寸小而深度深的桥基、柱基类工程；也可以作停机平面以上的散粒材料的装卸。

图3-19 拉铲挖掘机

图3-20 抓斗挖掘机

（二）提高生产率的措施

从上述有关的挖掘机作业方式、施工组织及生产率计算中可以看出，提高挖掘机的生产率可以从以下几个方面进行：

(1) 正确进行施工组织设计。与挖掘机配合的自卸车数量及承载能力应满足挖掘机生产能力的要求，且自卸车的容量应为挖掘机铲斗容量的整数倍。同时尽量采用双放置装车法，使挖掘机装满一辆车，紧接着又装下一辆车，由于两辆自卸车分别停放在挖掘机铲斗卸土所能及的圆弧线上，这样铲斗顺转装满一辆车，反转又可装满另一辆车，从而提高装车效率。

(2) 在施工组织中应事先拟定好自卸车的行驶路线，清除不必要的上坡道。对于挖掘机的各掘进道，必须做到各有一条空车回程道，以免自卸车进出时相互干扰。各运行道应保持良好状况，以利自卸车运行。

(3) 挖掘机驾驶人应具有熟练的操作技术，并尽量采用复合操作，以缩短挖掘机作业循环时间。

(4) 挖掘机的技术状况对其生产率有较大影响，特别是发动机的动力性。此外，斗齿磨损时铲斗切削阻力将增加60%～90%，因此磨钝的斗齿应予以及时更换。

(5) 挖掘机的工作面高度应合适，如果工作面高度过低，土质又硬，势必要进行二次才能装满一斗,导致挖掘时间的增加,相对降低了生产率。

四、评价与反馈

1. 自我评价

(1)通过本学习任务的学习你是否已经知道以下问题:

①挖掘机的基本工作过程:_____
_____。

②挖掘机除进行开挖建筑物或厂房基础以外,还能完成哪些工作:_____
_____。

(2)分析影响挖掘机生产率的因素:_____
_____。

签名:_____　　　____年____月____日

2. 小组评价(表3-10)

小组评价表　　　　　　　　　　表3-10

序号	评价项目	评价情况
1	相关理论知识学习是否认真	
2	操作的动作、姿势是否正确	
3	自学能力	
4	动手能力	
5	动作的准确性	
6	动作的连贯性	
7	维修车辆的积极性	
8	团结协作情况	

参与评价的同学签名:_____　　　____年____月____日

3. 教师评价

_____
_____。

教师签名:_____　　　____年____月____日

五、技能考核标准

挖掘机驾驶操作

(一)考前准备

(1)成立考评小组。

(2)反铲挖掘机一台,自卸车一台,桩座及彩旗1套,线绳、皮尺、钢卷尺等。

(3)主考教师对挖掘机技术状况进行校核,对场地进行测校,确保考核顺利进行。

(二)考试内容

1. 考试场地(图3-21)

准备面积为30m×30m,较为平整、宽敞平坦、无高压线等障碍物的场地一块,且要求场地可以挖掘,较为平整。

2. 操作要求(反铲挖掘机沟端开挖法)

(1)开挖时,挖掘机从沟的一端开始,然后沿沟中线倒退开挖,如图3-22所示。自卸车停置在沟侧,动臂只要回转40°~50°即可卸料。

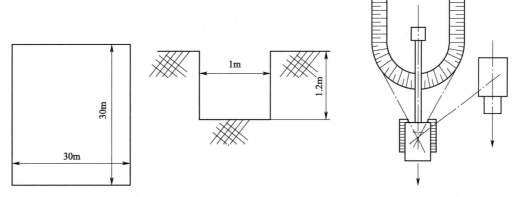

图 3-21 挖掘机考试场地示意图　　　　　　图 3-22 挖掘机工作过程

(2)要求开挖的沟渠有效长度1m、宽1m、深1.2m,两侧壁垂直,沟渠底面平直。并将取出的土方装入自卸车中,动作连贯、协调,倒车平直。

(三)评分标准(表3-11)

操作技能考核评分记录表　　　　　　　　　　　　　　　　表3-11

序号	作业项目	操作内容	配分	考核内容及评分标准	扣分	得分
1	操作前准备	上车前后的检查、正确起动发动机、起动后仪表的检查	5	(1)上车前不查视外部扣1分; (2)不检查三油一水各扣1分		
			5	(1)上车后不按规定起动发动机扣2分; (2)不检查仪表扣3分		
2	施工准备	鸣笛、空运行	5	(1)操作前不鸣笛扣2分; (2)不空运行工作装置扣3分		
3	施工作业	挖掘、卸料、回转,地面平整控制、深度控制	55	(1)铲斗运用不当每次扣2分; (2)铲斗、斗杆、斗臂运用与施工不连续每次扣3分; (3)沟渠两侧壁每偏差5cm扣3分; (4)沟渠底平面高差每偏差5cm扣3分; (5)挖掘土方卸到车外每次扣5分; (6)铲斗、斗杆碰到自卸车每次扣10分; (7)未按规定要求调车者,每次扣5分		
4	停车	铲斗落地	20	(1)倒车车身摆放左右每偏10cm扣2分; (2)摆放不正扣5分; (3)施工后铲斗未落地扣3分		

续上表

序号	作业项目	操作内容	配分	考核内容及评分标准	扣分	得分
5	安全文明	工作态度、工作习惯的养成	5	野蛮操作每处扣2分		
6	计时	熟练程度、操作技巧	5	每超时1min扣1分（不足1min时，按1min计），超时5min，考核结束（计时时段：从车辆起步前鸣笛开始，到驾驶人下车后报告"操作完毕"终止）		
7	否定项	基本素质、基本技能		(1)中途熄火（因机械故障引起的中途熄火除外）； (2)不按规定路线行驶； (3)驶出场外（全车有1/3部分出安全区）； (4)违反安全操作规程，发生事故		
	合　　计		100			
考核员签字			操作用时		考核日期　　　年　　月　　日		

注：每个作业项目的配分扣完后，不再扣分。

学习任务4　平地机的技术使用

1. 熟悉平地机的功用、分类及适用范围；
2. 掌握平地机的基本操作与安全操作要点；
3. 了解影响平地机生产率的因素。

1. 能驾驶平地机进行一般的施工作业；
2. 能根据装卸物料的实际情况选择平地机的施工方法；
3. 能分析影响平地机生产率的因素。

16课时。

小明和斌斌来到一片坑洼不平的施工现场，看到有几台平地机正在紧张的工作，他们找到老师问道:"这些机械正在做什么?我们能不能开?"老师告诉他们,这些车辆的学名叫"平地机"。我们今天的任务就是学习平地机的操作。

一、理论知识准备

(一)平地机的功用、分类与适用范围

1. 功用

平地机(图4-1)是一种装有以铲土刮刀为主,配备其他多种可换作业装置,进行刮平和整形连续作业的工程机械。平地机的铲土刮刀,较推土机的推土铲刀灵活,它能连续进行改变刮刀的平面角和倾斜角,使刮刀向一侧伸出,可以连续进行铲土、运土、大面积平地、挖沟、刮边坡等作业。平地机其他可换作业装置有耙子、推土铲刀、犁扬器、延长刮刀、扫雪器等。在机场和交通设施建设中的大面积、高精度的场地平整工作中,更是其他机械所不可替代的。图4-2所示为PY180平地机的外观图,其主要性能见表4-1。

图4-1 PY165C平地机

图4-2 PY180平地机

国产平地机产品分类和型号　　　　　表4-1

类别	型号	特性	产品名称及代号	主参数	
				名称	单位
铲土运输机械	平地机(P)	Y(液)	机械式平地机(P)	功率	kW
			液压式平地机(PY)		

2. 分类

1)按操纵方式分

按操纵方式分为机械操纵式平地机和液压操纵式平地机两种,平地机大都采用液压操纵式。

2)按车轮分类

不论哪种平地机均为轮胎式,按车轮数、驱动轮对数和转向轮对数,平地机分六轮平地机和四轮平地机。

(1)六轮平地机有:

3×2×1型——前轮转向,中后轮驱动。

3×3×1型——前轮转向,全轮驱动。

3×3×3型——全轮转向,全轮驱动。

(2)四轮平地机有:

2×1×1型——前轮转向,后轮驱动。

2×2×2 型——全轮转向,全轮驱动。

驱动轮对数越多,在工作中所产生的附着牵引力越大;转向轮越多,平地机的转弯半径越小。因此,上述五种形式中 3×3×3 型性能最好,大中型平地机多采用这种形式。2×2×2 型和 2×1×1 型均在轻型平地机中用。目前转向轮装有倾斜机构的平地机获得了广泛的应用。装设倾斜机构后,在斜坡上工作时,车轮的倾斜可提高平地机工作时的稳定性;在平地上转向时,能进一步减小转弯半径。

3)按机架结构形式分类

按机架结构形式分类,有整体机架式平地机和铰接机架式平地机。

整体机架式有较大的整体刚度,但转弯半径较大。传统的平地机多采用这种机架结构。目前生产的平地机大都采用铰接式机架,它的优点是:

(1)转弯半径小,一般比整体的小 40% 左右,可以容易地通过狭窄地段,能快速掉头,在弯道多的路面上尤为适宜。

(2)采用铰接式机架可以扩大作业范围,在直角拐弯的角落处,刮刀刮不到的地方极少。

(3)在斜坡上作业时,可将前轮置于斜坡上,而后轮和机身可在平坦的地面上行进,提高了机械的稳定性,作业比较安全。

4)按铲刀长度或发动机功率等分类

按铲刀长度或发动机功率等分类,有轻型、中型、重型三类,见表 4-2。

平 地 机 的 分 类　　　　　表 4-2

类　型	铲刀长度(m)	发动机功率(kW)	质量(kg)	车轮数
轻型	≤3	44~66	5000~9000	四轮
中型	3~3.7	66~110	9000~14000	六轮
重型	3.7~4.2	110~220	14000~19000	六轮

3. 适用范围

1)平地机的特点

平地机是一种高速、高效、高精度、多作业、多用途自行式铲土运输机械,所以是由多种系统组合而成的多功能机械。

平地机的刮刀比推土机的铲刀具有更大的灵活性,它能连续改变刮刀的平面角和倾斜角,并可使刮刀向任意一侧伸出,因此,平地机是一种多用途的连续作业式土方机械。

除了具有作业范围广、操纵灵活、控制精度高等特点外,平地机在作业过程中空行程时间只占 15% 左右,有效作业时间明显高于装载机和推土机,因此,平地机是一种高效的土方施工机械。

现代较为先进的平地机上安装有自动调平装置,如图 4-3 所示。平地机上应用的自动调平装置是按照施工人员给定的要求(如斜坡、坡度等,预设基准)机器按照给定的基准自动地调节刮刀作业参数。采用自动调平装置,除了能大大地减轻驾驶人作业时的疲劳外,还具有很好的施工质量和经济效益。由于作业精度高,使作业循环次数减少,节省了作业时间从而降低了机械使用费用。又由于路面的刮平精度或物料铺平的精度提高,因而物料的分布比较均匀,可以节省铺路材料,提高铺设质量。

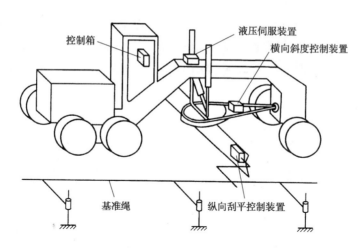

图 4-3 平地机自动调平装置

2）适用范围

在公路施工中，平地机是一种能够从事多种作业的土方工程机械，用来进行路基基底处理，完成草皮或表层剥离；从路线两侧取土填筑高度小于 1m 的路堤；整修路堤的横断面；修刮边坡；开挖路槽和边沟；在路基上拌和、摊铺路面基层材料。平地机可以用于整修和养护土路，清除路面积雪。在机场和交通设施建设中的大面积、高精度的场地平整工作中，更是其他机械所不可替代的。

平地机是一种铲土、运土、卸土同时进行的连续作业机械。主要工作装置是刮刀，它可以调整四种作业动作，即刮刀平面回转、刮刀左右端升降、刮刀左右引伸和刮刀机外倾斜，来完成刮刀刀角铲土侧移、刮刀刮土侧移、刮刀刮土平移和机身外刮土等作业。

（二）平地机的施工技术

1. 平地机的基本作业

1）斜行作业

利用车架铰接或全轮转向的特点，平地机可以进行斜行作业，如图 4-4 所示。

采用斜行的方法，可以使车轮有效地避开料堆，可以让后轮有选择地选择路面行驶，前轮在坡道或土丘上行走，而机身放在平坦的地面上保持平地机工作时的稳定。这种方法还便于平地机的操作和刮刀的调节。

2）刮刀刀角铲土侧移

这种作业方法适用于开挖边沟，并利用开挖的土修整路基断面或填筑低路堤。作业时，应先根据土壤的性质调整好刮刀的铲土角和平面角，平地机以低速挡前进

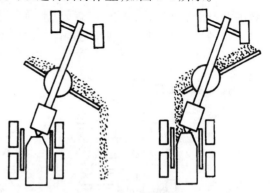

图 4-4 斜行作业示意图

将刮刀的前端下降，后端升起，形成较大的倾斜角切土，如图 4-5a）所示。被铲起的土壤沿刀身外移，铺于左右轮之间。在运行过程中，根据刮刀阻力大小，可适当调整切土深度，每

次调整量不宜太大,以免开挖后的边沟产生波浪形纵断面,给下一个行程作业造成困难。

为了便于掌握平地机的方向,刮刀的前置端应正对前轮之后,遇到特殊情况,也可将刮刀前端置于机身外。但必须注意,此时刮出的土壤也应卸于前轮内侧,如图4-5b)所示,避免后轮压上,影响平地机的牵引力。

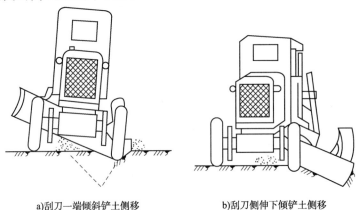

a)刮刀一端倾斜铲土侧移　　b)刮刀侧伸下倾铲土侧移

图4-5　平地机刮刀刀角铲土侧移

另外,平地机作业时,还可以操纵刮刀,使其横向移动(侧移),这样可以使平地机在前进或后退时,使刮刀有效地避开障碍物,如图4-6所示。

3)刮刀刮土侧移

保持一定的回转角,在切削和运土过程中,土沿刮刀侧向流动,回转角越大,切土和移土能力就越强。刮土侧移时,应注意不要让车轮在料堆上行走,应使物料从车轮中间或两侧流过,必要时可采用斜行方法作业,使料离开车轮更远一些。

这种操作方法适用于侧向移土修筑路堤、平整场地、回填沟渠、路拌和摊铺路面材料等作业。

作业前应根据施工对象要求和土壤条件,调整好刮刀的平面角和铲土角。作业时,平地机以二挡速度前进,将刮刀的两端同时下放,使其切入土中或其他材料中。被刮起的物料即沿刀身平面侧移,卸在一端形成土埂。根据刮刀侧向引伸的位置,土埂可以位于机械的外侧,如图4-7a)所示,或机械的两轮之间均可,如图4-7b)所示。

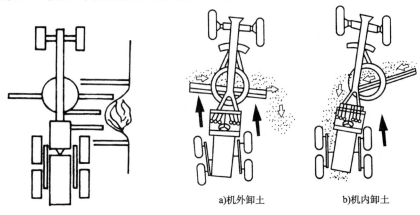

　　　　　　　　　　　　　　　a)机外卸土　　　　b)机内卸土

图4-6　铲刀侧移劈开障碍物　　图4-7　平地机刮刀刮土侧移作业

如修筑低路堤,可卸土于机械的内外侧,但用于回填时则必须卸于机械的外侧。对于平地机的平面角、侧向引伸的大小以及倾斜角的大小,都应根据铲土阻力的大小和施工要求随时调整。但是不论将土壤卸到内侧或外侧,都不允许卸下的土壤位于平地机后轮行驶的轮迹上,否则不但影响平地机的牵引力,还会因后轮的抬升而形成作业面高低不平。为了达到上述要求,有时根据施工对象不同可将刮刀作切向引伸后,再将牵引架作侧向摆出,如图4-7b)所示。对于全轮可以转向的平地机,也可将前后轮同时向一侧偏转,使平地机在机身斜置的情况下运行作业,如图4-7a)所示。使用全轮转向的平地机在弯道上作业是十分方便的,因为前后轮可根据弯道的情况配合转向,从而提高作业效率,如图4-8所示。

刮刀可以全回转的平地机,为了提高作业效率,可将刮刀前的齿耙卸下,当刮刀回转180°平地机后退时,刮刀仍旧可以作业,如图4-9所示。这种方法,特别适用于狭长工地,采用"穿梭"式往复作业。

平地机刮刀刮土侧移,特别适用于大面积场地的平整作业。只要将刮刀位于不同的平面角,平地机往返几次作业,就可以把土壤刮得相当平整。

刮土侧移常用于物料的混合作业,如图4-10所示,当刮刀回转得当,并采用较大的铲土角时,混合料要从刮刀一端切入,从刮刀另一端流出,物料流动时,既有纵向滚动,又有横向流动,物料在运动中得到混合。

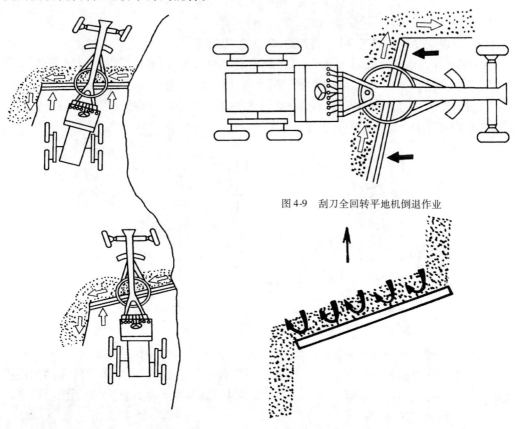

图4-8 全轮转向平地机在弯道作业　　　　图4-10 物料混合侧移示意图

图4-9 刮刀全回转平地机倒退作业

4)刮刀刮土直移

这种作业适用于修整平整度较小的场地,在路基施工中可用于路拱的修整和材料的整平。

作业前首先调整刮刀的铲土角,将刮刀回转角置为0°(刮刀轴线垂直于平地机行驶方向),此时切削宽度最大,但只能进行较小入土深度作业。

为了增大刀身的高度,一般铲土角位60°~70°。再将刮刀平置(平面角为90°),平地机用一挡或二挡前进后,将刮刀两端等量下降,使之少量切入土中。被刮起的土壤积在刀身前,并且大部分随刀向前推送,少量的土从刮刀的两端溢出。溢出的土可在最后阶段将刮刀切入标准高度后,以快速前进的方法将其全部铺散,如图4-11所示。

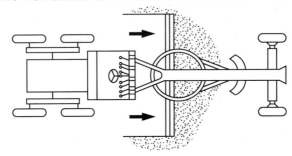

图4-11 平地机刮土直移作业

5)机外刮土

这种作业主要用于修筑路堤、路堑边坡、边沟边坡等。

作业时,首先将刮刀倾斜于机外,再将刮刀的上端向前倾,平地机以一挡前进;放下刮刀切入土中,被刮下的土壤即沿刀身卸于两轮之间,然后再用刮刀将土运走。

当刷边沟边坡时,如图4-12a)所示,刮刀的平面角应小些。刷路堑边坡时,平面角应大些,如图4-12b)所示。

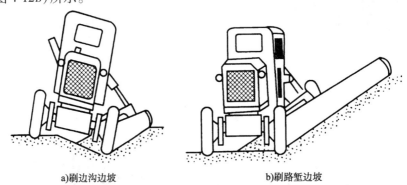

a)刷边沟边坡　　　　　　　　　b)刷路堑边坡

图4-12 平地机机外刮土刷坡作业

从上述各种作业中可以看出,平地机刮刀的各种角度调整是比较频繁而费时的,特别是刮刀上下升降控制切土深度。而带有自动找平装置的平地机,可以按照施工对象的要求,沿着一条基准线自动调整刮刀高度。这样不但提高了生产率,而且保证了工程质量。

2. 平地机的施工技术

1)整修路形、道路及场地

整修作业时，让刮刀保持一定的回转角，使切深适宜，同时在刀前保持适量的土壤流向铲刀尾部，形成很小的条堆，道路刮平后再将条堆均匀摊开。

这种作业就是按照路堤、路堑的横断面图要求，将边沟开挖出的土送到路基中部，修成路拱。其施工顺序是：由路基的一侧开始前进，达到一路段的终点后掉头从另一侧驶回，如图 4-13 所示。开始平地机以较小的平面角采用刮刀刀角铲土侧移，将土壤从边沟处挖出，再以较大的平面角将土壤送到路基中间，最后用平刀将土堆刮平，使之达到设计高程。

铲土与送土的次数，应视路基宽度、边沟的大小、土壤的性质以及平地机的技术性能而定。通常，应先根据路基施工图样的要求，设计好必要的工序及边坡土方铲出量，从一侧边沟挖出的土量应足够填铺同一侧路拱横坡所需的填土量，最后只需平整两三次，即可达到设计要求。

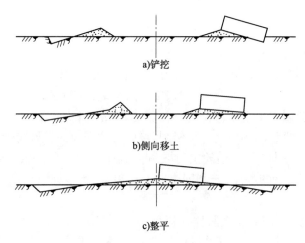

图 4-13 平地机修整路拱时的施工顺序示意图

当道路崎岖不平时会使刮平效果较差，此时应尽量让后轮在较平的地方行走，可采用斜行的作业方法，如图 4-14 所示。当路面不平较大时，刮刀切深应与路面沟、坑一样深来进行切削，采用小切削角、大回转角、同时倾斜前轮进行修整作业。

若机械牵引力不够，可采取分层切削作业。注意料堆应尽可能离车轮远一些，不可让车轮压在料堆上。在施工现场路面泥泞或易打滑的情况下，当泥泞层不是太厚时，可采取大回转角、小切深与高速度进行切削施工。

对于较大面积的场地，如停车场等，可采用纵向和横向相结合的作业方式，先纵向粗刮平，再横向刮平，反复进行。对于一些刮刀无法作业的死角，可借助于推土铲。

由于从边沟挖出的土是松的，当平地机驶过后，必然会出现轮胎印迹，这样在平地机第二层刮松土壤时，就很难掌握正确的标准，而且又不易把印迹刮平。为了使土壤铺筑达到要求，在刮第二层土壤时，最好用平地机在松土上反复行走，压实一遍。对于全轮转向的平地机，在刮送第一层土壤时，就将前后轮都转向，让机身侧置，这样前后轮刚好错开位置，此时平地机经过一次刮送，就可将前一行程的松土全部碾压一遍，则有利于第二层的刮平，并容易掌握路拱横坡的标准。这也是全轮转向平地机的优点。

2) 开挖沟渠

利用平地机刮刀侧倾可以进行沟渠的开挖。将刮刀一边切入土内,边刃位于一侧的轮迹上,刮刀尾部提升高度则按照沟墙的角度要求调整,如图 4-15 所示。当进行第二遍切削时,一侧的车轮在沟内行驶,轮子即作为导向。当沟很深时,应避免后轮进入沟渠。

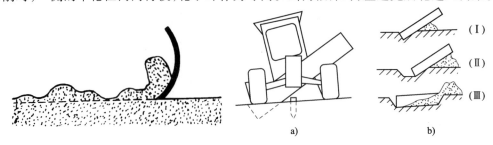

图 4-14 表层切削示意图　　图 4-15 开挖沟渠示意图

3) 修刮边坡

在修刷路拱的同时,还要修刷边坡。这种作业多用机外刮土法进行。当路堤边坡坡度为 1:1.5~1:0.5,高度在 1.8m 以下时,用一台平地机单独作业;当路堤的高度在 4m 左右时则用两台平地机上下联合作业。此时,堤上的平地机应先行约 10m,堤下的平地机再开始工作。这样不会因堤上平地机刮下的土壤影响堤下平地机的作业,同时也便于堤下平地机按照堤上平地机刮出的坡度进行修刮,从而使两作业面很好吻合。

刮削坡度较缓的边坡时,将前轮沿行驶方向放在斜坡上(单轮或双轮),后轮在地面上行驶,可采取由上向下的顺序,先刮削边坡上部边缘,逐步向下移动,同时将前轮倾斜,以防止其下滑。

刮削较陡的边坡时,应先将坡脚路面清理干净,以避免刮坡时地面不平使刮刀摆动,按照坡度要求调整刮刀切削角,应尽量使后轮不要靠近坡脚,留出位置让土留在轮子的外侧。

修刮边坡:当边坡较缓时,一般可通过操纵铲刀左右摆动就可以满足修刮要求;当坡度较陡时,需要通过操纵摆架实现刮刀的大幅度摆动,通常情况下,摆架锁定在水平位置上,如图 4-16 所示。

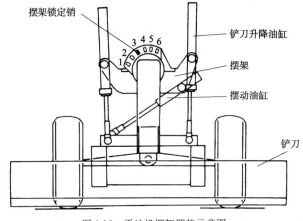

图 4-16 平地机摆架调整示意图

操纵时可用下列步骤实现摆架的摆动：
(1) 将油路转为单路。
(2) 要转到 1 或 2 的位置时，将摆动油缸完全收回。
(3) 要转到 4 或 6 的位置时，将摆动油缸完全伸出。
(4) 上述步骤完成后，使用升降油缸将铲刀放置在地上(使液压系统没有负荷)。
(5) 拔出锁定销。
(6) 操作升降油缸，使摆架转动。
(7) 当摆架转到所需位置时，再将锁定销插入锁定。

4) 开挖路槽

当修筑路面时，应首先在路基上开挖路槽，根据不同的设计方案，路槽的开挖有三种方式：第一种是把路基中间的土铲除，形成路槽，将挖出的土弃掉；第二种是在路堤的两侧用土堆起两条路肩，形成路槽，使用这种方法，可以利用整形时的余土或预备土来堆填；第三种方式是将路槽开挖到设计深度的一半，把挖出的土修成路肩，这样挖填的土方量相等(设计时计算好)，因此比前两种方式更经济合理。开挖路槽的施工顺序如图 4-17 所示。

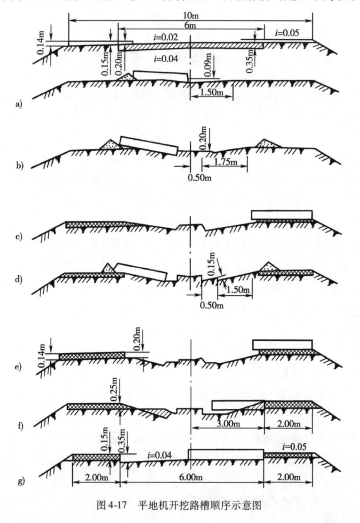

图 4-17　平地机开挖路槽顺序示意图

5)路拌筑路材料和铺平作业

平地机可以在路面上进行路面材料的摊铺、拌和及铺平作业。

在修筑碎石路面、加固土路面和路面的稳定土层施工中,除了采用专用路拌机械外,也可用平地机的刮刀进行拌和作业。

(1)路面拌料。在路基上拌和路面材料有三种方法,如图4-18所示。

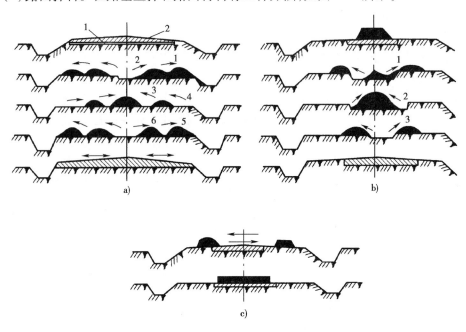

图4-18 平地机路拌材料顺序示意图

①当土壤和拌和料(石灰或水泥)分层摊铺在路基上施工时,施工顺序是:首先用平地机齿耙把土壤耙松,并用刮刀刮平,再在其上摊铺结合料,用刮刀刮平,然后开始拌和。第一次先将料向外刮。第一行程平地机先用刮刀沿路槽中线铲入,将土与结合料向外刮送,刮送时刮刀一定要触及硬土层,此时被铲除的土与结合料就在路肩上列成一堆。第二行程,刮刀沿路槽中线铲入,又把土和结合料堆向路肩另一边,形成第二土堆。所需铲刮次数视路槽宽度而定,这是第一次。第二次拌和是将各列土堆依次向路槽中心刮回,以后各次拌和依此类推,直到拌和均匀为止。最后用大平面角刮刀将拌和材料刮平并修成路拱,如图4-18a)所示。

②当结合料堆置在路基中线上时,其拌和方法应先将路基中部的土翻松,再将结合料堆置在已翻松的土上。然后用刮刀将土壤和结合料向两边铲开,这样一次就能完成初拌和的效果。此后和上述相同,向内外交替刮拌,直至拌和均匀为止,再将路面修成一定拱度,如图4-18b)所示。

③当结合料堆置在两侧路肩时,由于两种材料成长条堆形状,应首先将一侧材料刮至路基中间铺平,再将另一侧的材料刮入,铺在第一层材料上。然后按照在路基上拌和土壤和结合料的方式进行拌和和铺平,如图4-18c)所示。

(2)铺平。铺拌松散的石子和砂子时(砂石料),刮刀应刮较少的料,同时以较高的速度行驶,以免机械停陷,损坏已刮平的路面。

铺拌较粗的材料时,物料最大的粒度应小于最终要摊铺的路面厚度,否则会出现石卡刮刀现象,并出现路面"撕裂"和"孔洞"现象,如图4-19所示。

铺料、拌和时最好采用较大的铲土角,以避免大粒料对刮刀的推挤力作用,同时这样较易使大粒料从刮刀下滚出。

当铺拌材料含有沥青时,堆料不能太长太多,以免混合料没来得及铺拌而凝固。

铺平时为防止物料从刮刀一侧流出,可以在刮刀一侧装一块挡料板,铺平时应注意保证沿整个刮刀长度上都有物料,以防止出现遗漏和孔洞现象。

6)修刮水坝

水坝需要很大的压实强度,因此需分层压实,为此平地机也需分层修刮,为了提高作业效率,可在平地机后面拖带压实碾。水坝的修坡作业也由平地机来完成。当坝的高度不高时,平地机可以由坝下沿坡脚行走修坡。若坡较高时,通常在坝加高的施工过程中,在完成每层的刮平压实作业过程后,随即修坡。不断加高,交替进行,在刮刀的一侧加装刮土板,用螺栓连接,如图4-20所示。刮完后立即压实,也可在刮土板上装小的压实碾。为了提高作业效率,可以采用几台平地机同时作业,分别完成刮平、压实和修坡作业。

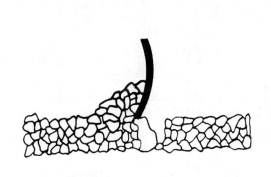

图4-19 铺料时的撕裂现象　　　　图4-20 专用刮土板刮土

二、任务实施

(一)准备工作

(1)平整、坚硬的场地一处,ZL50装载机一台,自卸翻斗车两辆,黄沙一批。

(2)柴油、柴油机润滑油、润滑脂、制动液、冷却液、蓄电池补充液。

(3)加油桶、常用手工具、包皮布等物品。

(二)技术要求与注意事项

1. 平地机的仪表及操纵装置

PY180平地机驾驶室配有左右两个滑动拉门,防噪声、防振动,配置冷暖风装置,操作舒适,驾驶座位可以前后移动,有效防止了驾驶人的操作疲劳。图4-21所示为其操作台布置图;图4-22所示为操纵杆布置图。

图 4-21　PY180 平地机仪表台布置图

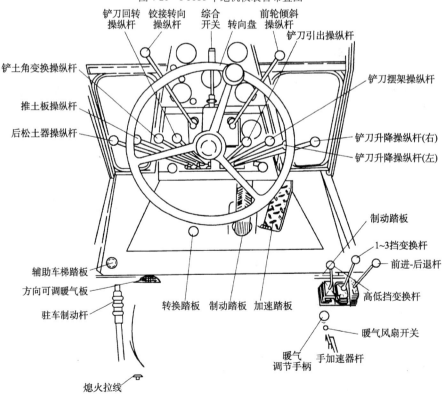

图 4-22　操纵杆布置图

为了正确无误地使用平地机进行各种作业,首先应熟悉仪表和操纵装置的作用,见表 4-3。

仪表和操纵装置的作用　　　　　　　　　　　　　　　　表 4-3

序号	名　称	作　用
1	总电源开关	是机械电源的总开关,有"断开"和"接通"两个位置
2	起动开关	是各种仪表、预热、指示灯和发动机起动的总开关,顺时针旋转 I 挡时,各种仪表和指示灯接通
3	变矩器出口温度表	出口温度表是反映变矩器工作液温度的仪表
4	电流表	电流表是反映充放电的仪表
5	冷却液温度表	冷却液温度表指示发动机冷却液温度
6	变速器操作压力表	变速器操作压力表反映动力换挡时变速器换挡操作液压系统的压力
7	液压滤油器指示灯	当发动机正常运转时,此灯不亮,若此灯亮,表明液压油箱中的滤油器堵塞,要清洗或更换
8	制动压力指示灯	发动机工作时,若此灯亮,表明液压制动系统有故障,应立即停机,并进行检修
9	预热指示灯	起动开关处预热位置时,此指示灯亮,表明发动机在预热状态
10	机油粗滤指示灯	发动机工作时,此灯亮,表明机油粗滤有堵塞,需进行检修
11	机油压力指示灯	显示发动机润滑系统油路中情况,此灯亮,就应立即熄灭发动机并进行检修
12	发动机熄火手柄	将手柄置于全部拉出位置,并保持此位置,直至发动机熄火
12	转向盘	转动转向盘,可实现前轮的转向
13	加速踏板	加速踏板控制发动机的油门,通过它控制发动机的转速
14	脚制动踏板	脚踩此踏板,通过液压系统作用于四个后轮的车轮制动器,制动压力决定于作用在踏板上的压力
15	驻车制动器手柄	拉起手柄,使驻车制动器起作用,并拨动按钮,将手柄锁住
16	作业装置操纵杆	作业装置各操纵杆的分布如图 4-22 所示,各操纵杆的作用如图 4-23 所示
17	单双液压回路转换踏板	踏板向上(即脚不踩踏板时),液压系统为双液压回路,双联泵分别向各自的系统供油,铲刀的伸出、旋转、升降等能同时工作;踏板向下(即脚踩踏板时),此时双液压回路变为单液压回路,各工作可获得较快的工作速度
18	速度变换操纵杆	PY180 平地机配置两种液力传动动力换挡变速器,其变速也有两种。配置 CLARK 变速器时,车速为前 6 后 6,前进与后退车速相同,配置 ZF 变速器时,车速为前 6 后 3,如图 4-24 所示为前 6 后 3 操纵杆。前后挡变换时必须先置空挡,速度变换时不允许越级换挡,停车时,必须将变速杆置空挡并锁住

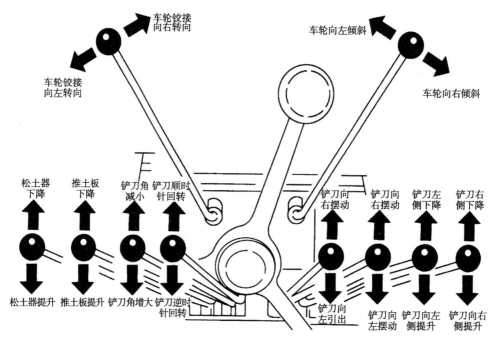

图 4-23 操纵杆作用示意图

2. 平地机正常使用时仪表的主要数据

平地机正常使用时仪表的主要数据见表 4-4。

3. 平地机安全操作基本要求

为了确保施工现场的安全,对平地机的安全操作有严格的要求。

1)作业前的准备

(1)详细了解使用内容和施工技术要求,并详细检查作业区内各种桩号的所在位置。

(2)检查平地机四周有无障碍物及其他危及安全的因素,并让无关人员离开作业区。

(3)检查各连接部件的紧固情况。应特别注意车轮轮毂、传动轴等处的连接螺栓有无松动。

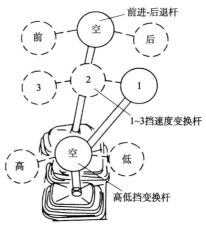

图 4-24 速度换挡机构

平地机正常使用时仪表的主要数据　　　　表 4-4

仪　表	数　据
变矩器出口温度表	一般测量范围在 40～120℃,平地机正常运转时,温度应在 80～110℃
电流表	测量范围一般为 -40～40A,指针指往"-"方向表示蓄电池放电,指针指往"+"的方向表示蓄电池充电
冷却液温度表	其测量范围一般为 40～120℃,发动机正常工作时,冷却液温度应在 80～90℃
变速器操作压力表	测量范围一般为 0～3.2MPa,当变速油油温在 80～90℃时,变速器压力变化为:CLARK 变速器为 1.69～1.96MPa;ZF 变速器为 1.3～1.5MPa,如指针不在此范围内,应立即停机并进行故障排除

(4)操纵手柄、变速器操纵杆必须置于空挡位置,其他各手柄均置于中间位置。

(5)检查转向装置和制动装置是否灵活可靠。

(6)检查各仪表、灯光、喇叭等信号装置是否正常。

(7)检查液压系统是否完好。

(8)将刮刀、齿耙等作业装置置于运输状态,并检查其是否完好。

(9)铰接式平地机,检查其铰接转向装置是否完好,并在运输前将前后轮调整在一条直线上。

(10)检查轮胎是否完好,气压是否符合规定标准。

2)作业与行驶要求

(1)平地机发动后,先挂低速挡小油门缓驶,待确认各部位一切正常后方可升挡行驶。

(2)行驶在平坦道路上可用高速挡,行驶在条件较差的道路或坡道时宜用低速挡,作业时均采用低速挡。

(3)平地机掉头或转弯时,应使用最低速度。

(4)平地机在低速行驶或改变行驶方向时,一般应停车换挡,高速行驶可在行进中换挡。

(5)下坡时必须挂挡,禁止空挡滑行。

(6)行驶时,必须将刮刀与齿耙升到最高处,并将刮刀斜置,刮刀两端不得超出后轮外侧。

(7)行驶时,一般只用前轮转向,在场地特别狭窄的地方可同时采用后轮转向,但小于平地机最小转弯半径的地段,不得勉强转弯。

(8)制动时要先踩下离合器踏板,在变矩器处于刚性闭锁状态时,不能用制动器。

(9)不论作业或行驶,都应随时注意各仪表的读数是否正常,变矩器油温超过120℃时,应及时停车,待油温下降后再继续运行。

(10)以推土作业为主时,应用较小的铲土角。

(11)以摊铺及平整作业为主时,应用较大的铲土角。

(12)操纵刮刀引出杆,可以将刮刀引出,对机器侧边较远的地方加以平整。

(13)在曲折的工线上,可以利用全轮转向,机动灵活地进行工作。

(14)将刮刀斜置,用刮刀前端着地即可进行挖沟作业。

(15)修边坡时,应根据边坡坡度调整刮刀倾斜度。

(16)用齿耙破碎旧路基、摊铺石子等作业,遇到较大阻力时,可以减少齿数。

3)作业后的要求

(1)应将平地机停放在平坦安全的地方,不得停放在坑洼有水的地方或斜坡上。

(2)停放时,应将所有作业装置落地或刚性固定。

(3)停机后,如需升起作业装置进行保修作业,该装置必须被牢固固定。

(4)停机后,必须将铰接式平地机的铰接转向机构锁定。

(5)每天完成作业后,清除附留在机身上的泥土、杂物,并进行例保工作。

(6)将工作装置置于地面。

(三)操作步骤

1. 平地机的驾驶

平地机的基本操作包括驾驶、铲土角的选择、刮刀回转角的选择、前轮倾斜的运用等参数的选择和调整,作业前必须根据实际施工对象和施工条件进行选择和调整,这是平地机作业前的最基本的操作。

1)平地机驾驶前的准备

(1)驾驶前应认真学习平地机安全操作规程。

(2)严格按照安全操作规程对机械进行检查和准备。

2)平地机的行驶

(1)首先将铲刀、推土板提起,铲刀应置于两轮之间,并尽可能提高离地间隙。

(2)将前进后退杆置于"前进"或"后退"上的第一或第二挡位置。

(3)鸣笛,放开驻车制动,踩下加速踏板,平地机即开始行走。

(4)平地机行驶时,应注意观察变矩器油温表,变矩器油温应在80~110℃,温度超过120℃时应立即减小油门,变换挡位,减速行驶,待温度下降后,再恢复原行驶速度。

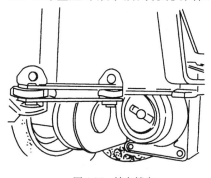

图4-25 转向锁定

(5)陡坡一般采用一挡速度,平缓或中等坡度用二挡速度。

(6)公路行驶时,最好将铰接转向锁定,如图4-25所示,方法为:

①拧松螺母,将杆1移向左侧,并移到头。

②拧紧螺母。

(7)起步必须用低挡,然后逐挡加速,减速必须逐挡递减,并在各挡停留一定时间,不允许高挡直接降到低挡。

(8)前进与后退转换时,必须在中间空挡停留一定时间,避免冲击给传动系统带来峰值负荷。

3)平地机的熄火与驻车

(1)向后拉住发动机熄火手柄,直到发动机熄火,并使发动机空运转1~2min。

(2)拉紧驻车制动操纵杆。

(3)将工作装置置于地面。

(4)取下起动钥匙,关掉电源总开关,锁住驾驶室门。

2. 铲土角的选择

铲土角即切削角,是指刮刀切削刃与地面的夹角。图4-26所示为平地机刀具几何参数和工作参数示意图。铲土角的大小一般依作业类型来确定,一般平地机铲土角都有一定的调整范围以适应不同的作业要求。中等的切削角(60°左右)适用于通常的平地机作业。当切削角剥离土壤时,例如剥离草皮、刮平凸缘、切削路边沟等,需要较小的铲土角,以降低切削阻力。

当进行摊铺、混合物料作业时,应选用较大的切削角,这样可以避免大物料对铲刀的推挤力,大粒料容易从刮刀下滚出,由于铲土角大,刮刀载料减少,使物料滚动混合作用加强。

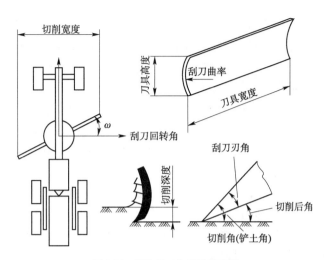

图 4-26 平地机工作参数示意图

刮土刀削角的调整有两种方式：人工调整[图 4-27a)]和液压缸调整[图 4-27b)]。油缸调整时，首先松开坚固螺母，然后操纵液压缸，使角位器绕下铰点转动，使切削角改变，调好后将螺母锁紧。人工调整在小型平地机上仍被广泛使用。

PY180 平地机装有液压角位器，在驾驶室内操纵控制手柄，即可实现铲土角的调整，以适应工作的需要。

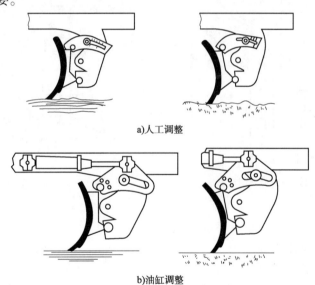

图 4-27 平地机铲刀切削角调整方式

3. 刮刀回转角的选择

刮刀回转角如图 4-26 所示。当回转角 ω 增大时，工作宽度减小，但物料的侧移输送能力提高，刮刀单位切削宽度上的切削力提高。对于剥离、摊铺、混合作业及硬土切削作业，回转角可取 30°~50°；对于推土摊铺或进行最后一道作业刮平以及进行松软或轻质土刮整作业时，回转角可取 0°~30°，回转角应视具体情况及要求来确定。

将刮刀回转 180°，平地机可进行倒退作业，它适用于狭窄地段施工，当平地机掉头困难时,采取刮刀回转180°的方法,比掉头要容易。所以平地机倒退的挡位较多,用于慢进慢退同时作业,或慢进作业,加速退回。刮刀回转时,应注意操作顺序,防止刮刀碰到轮胎、耙土器等。

4. 前轮倾斜的应用

平地机作业时,由于刮刀有一定的回转角,或由于刮刀在伸出机外刮边坡,使平地机受到一个侧向力的作用,常会迫使平地机前轮发生侧移以致偏离行驶方向,导致轮胎的磨损加剧,同时对前轮的转向销轴产生很大的力矩,使转动前轮的阻力增大,因此通过前轮倾斜的运用,能有效地抵消这种阻力。

具体方法为:当刮刀以大回转角作业时,物料流向左侧,前轮应向左侧倾斜,如图4-28所示;当刮坡作业时,轮子的倾斜方向取决于坡土的性质,如图4-29所示。

(1) 当土壤为软黏土时,刮刀受到一个切进力的作用,此时操纵轮子向离开坡道的方向倾斜,如图4-29a)所示,这样可以防止刮刀啃入土内。

(2) 当土壤为硬质土时,操纵前轮向坡道一侧倾斜,如图4-29b)所示。

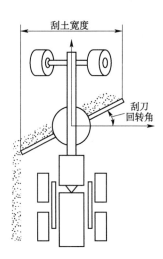

图4-28 前轮倾斜示意图

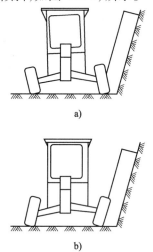

图4-29 刮坡时前轮倾斜示意图

三、学习拓展

(一)平地机的其他作业

1. 路缘石沟铲刀

在刮刀的一侧安装刀片,用于切削安放路缘石的矩形或小排水沟等,根据刮刀的回转角决定挖出的土堆放在沟的左侧或右侧。如图4-30所示为路缘石沟铲刀的结构。

2. 带侧板刮刀

在刮刀的一侧或两侧安装挡板,如图4-31所示,可以防止物料从两侧流出,以保证刮刀前面有足够的物料,对于最后一道铺平作业,尤其是铺沥青材料非常有用。

3. 松土、耙土器作业

松土、耙土作业用于硬地面的耙松。施工时,应低速行驶,切度不可太深,以免轮胎打滑。可分次耙松,同时应选择合适的齿数以保证物料从齿间流过,而不堆阻在齿的前面。

此外,当地面较硬、负荷较大时应减耙齿齿数,但齿数不能太少,以免造成个别齿的损坏;当地面较硬时,应使用后置式松土器;当松土器遇到大石块时,可将松土器适当提起,平地机继续保持前进,使大石块松动并拔出地面,如图 4-32 所示。PY180 平地机松土耙有 6 个齿,后松土器有 5 个齿。

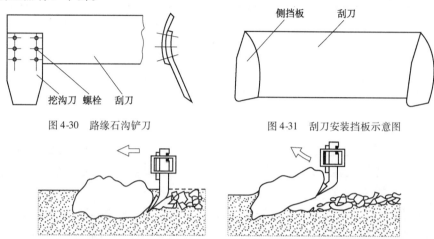

图 4-30　路缘石沟铲刀　　　　图 4-31　刮刀安装挡板示意图

图 4-32　松土器作业示意图

1）松土耙施工步骤（图 4-33）

（1）移动安全弹簧,将杆拔出。

（2）根据要求,放下所需耙齿,并在两侧外装上隔套。

（3）平地机开到工地,用铲刀升降油缸将耙降到地面。

2）后松土器工作步骤

后松土器工作时一般使用 3 个齿在坚硬的地面工作,各个齿要对称使用。首先开动平地机,然后再放下松土器,使之入地,在平

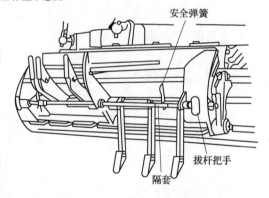

图 4-33　松土耙施工步骤示意图

地机转弯及倒车时,必须将松土器提起。松土器提升高度指示标尺在驾驶人座位左侧,通过标尺来有效地控制松土器的松土高度。后松土器施工步骤与松土耙基本相同。

4. 推雪施工技术

平地机刮刀还可以用于除雪作业。由于平地机刮刀具有较高的刮平精度,所以适用于去除薄的压实的雪和冰层,由于作业时雪容易粘在刮刀上,故应以较大的回转角（45°左右）和较高的行驶速度（25km/h 左右）迅速地将积雪推抛出去。

（二）提高平地机生产率的措施

平地机的合理使用,是提高其工效的有效措施。下面介绍提高平地机生产率的措施。

1. 增大每一工作行程的长度

从平地机生产率的计算公式可以看出,影响平地机生产率的一个重要因素是每一工作行程的长度 L。若此行程越长,则单位时间内的行程数也就越少,掉头的时间也可节省。在作路基整形时,要求每一个工作行程的长度不小于 800m。

2. 正确调整刮刀的位置

为了提高平地机的生产率,应根据土质及作业项目正确调整刮刀的位置。刮刀的平面角 α、铲土角 γ 和倾斜角 β 的调整和操作项目的关系见表4-5。

不同操作过程中平地机的铲刀位置　　　　　表4-5

操作项目		平面角 α(°)	铲土角 γ(°)	倾斜角 β(°)
挖土	耕犁松土	<30	<40	<11
	路犁松土	30~50	<40	<13
	未翻松土	<45	<35	<15
运土	重质土	35~40	<35	<11
	轻质土	<50	<40	<13
整修	摊铺	45~55	40~68	<18
	整形	55~90	<40	<13

3. 采用多机联合作业

用平地机修整路形时,在不同的施工工序中对刮刀的三种角度都有不同的要求。除倾斜角在机械行驶中可随时调整外,其他两种角度都必须停机调整。如果只用一台平地机同时承担三个不同的施工工序,势必使停机调整角度所耗的时间加长。若用多台平地机联合作业(最好用2~3台平地机同时施工,以一台担任铲土作业,另两台担任移土作业),密切配合,工效就可以大大提高。

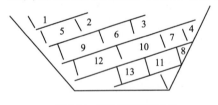

图4-34　四边形断面铲土法

4. 减少行程总数

平地机在作业时,减少其行程总数,对提高其工效十分有利。如采用"四边形断面"的铲土方法可以获得最大的铲土横断面积,以减少铲土的行程数,如图4-34所示;加装延长刀,可增大刮刀的移土距离,从而减少其行程数等。

四、评价与反馈

1. 自我评价

(1)通过本学习任务的学习你是否已经知道以下问题:

①平地机的基本作业有:_____
_____。

②平地机的功用:_____
_____
_____
_____。

(2)分析影响平地机生产率的因素:_____
_____。

签名:_____　　　____年___月___日

2. 小组评价（表4-6）

小　组　评　价　表　　　　　　　　表4-6

序　号	评价项目	评价情况
1	相关理论知识学习是否认真	
2	操作的动作、姿势是否正确	
3	自学能力	
4	动手能力	
5	动作的准确性	
6	动作的连贯性	
7	维修车辆的积极性	
8	团结协作情况	

参与评价的同学签名：_____　　____年____月____日

3. 教师评价

_____。

教师签名：_____　　____年____月____日

五、技能考核标准

平地机驾驶操作

（一）考前准备

（1）成立考评小组。

（2）PY180平地机一台，桩座、桩杆及测钎22套，线绳，皮尺，钢卷尺等。

（3）主考教师对平地机技术状况进行校核，对场地进行测校，确保考核顺利进行。

（二）考试内容

1. 考试场地（图4-35）

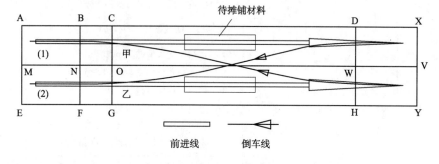

图4-35　平地机考试场地示意图

（1）车库（ABNM和MNFE）：长×宽=1.5倍车长×（车宽+80cm）。

（2）路宽[CG(DH)/2]：车宽+80cm。

（3）BC(FG)：准备路线段，其长度为3~5m。

(4)CD(GH):工作路线段,其长度为40m。

(5)DX(HY):非工作路线段,其长度为5~10m。

(6)CG:始端;DH:终端。

(7)A、B、M、N、E、F、X、V、Y为桩位点。

(8)待摊铺材料(可用灰土或素土)为:下底宽1m、上底宽0.4m、高0.4m、长8m的梯形,且摆放在工作路段中间。

2. 操作要求(利用平地机摊铺路面材料)

在车库中先将铲刀提起,并尽可能提高离地间隙,将变速杆置于"前进"一挡位置,鸣笛,放开驻车制动,踩下加速踏板,平地机由车库(1)驶出,从始端进入路面甲,并在进入路面甲前落铲刀,进入工作状态,前进至终端,(铲刀)出终端后提铲刀,变换行驶路线后,倒车进入路面乙,倒入车库(2)内停车换向。平地机由车库(2)驶出,从始端进入路面乙,并在进入路面乙前落铲刀,进入工作状态,前进至终端,(铲刀)出终端后提铲刀,变换行驶路线后,倒车进入路面甲,倒入车库(1)内停车,收铲刀,落铲刀。

要求操作规范正确,起步平稳,一挡匀速运行,不撞杆,不压线,轮迹正,除换向外,中途不得停车熄火,工作路线段内对待摊铺材料进行摊铺,要求摊铺厚度10cm,内高外低,其高差为2~4cm,直铲平推,变向倒车,要求在出始端前调整,并将铲刀的横向位置调整好,倒入库内停正。

(三)评分标准(表4-7)

操作技能考核评分记录表 表4-7

序号	作业项目	操作内容	配分	考核内容及评分标准	扣分	得分
1	操作前准备	上车前后的检查、正确起动发动机、起动后仪表的检查	5	(1)上车前不查视外部扣1分; (2)不检查三油一水各扣1分		
			5	(1)上车后不按规定起动发动机扣2分; (2)不检查仪表扣3分		
2	基本驾驶技术	提升铲刀、解除驻车制动、挡位运用、鸣笛、平稳起步、停车、落铲	10	(1)起步不鸣笛扣2分; (2)起步不平稳扣2分; (3)挡位运用不当每次扣2分		
			15	每压线一次或撞杆、碰杆一次扣3分		
3	施工作业	调整高度、铲料、直行、收铲、转向、空回、推料高度的控制	35	(1)摊铺厚度每偏差2cm扣2分; (2)内外高差每偏差2cm扣2分; (3)碾压未摊铺材料每次扣3分; (4)铲刀运用不当每次扣1分; (5)铲刀运用与行车不连续每次扣3分; (6)未按规定要求调车者,每次扣1分		
			10	原地转向每次扣2分		
4	停车	倒车方向控制、定点停车	10	(1)入库后,车身摆放前后左右每偏10cm扣2分; (2)摆放不正扣5分; (3)入库后铲刀未落到底、未放平各扣5分		

续上表

序号	作业项目	操 作 内 容	配分	考核内容及评分标准	扣分	得分
5	安全文明	工作态度、工作习惯的养成	5	野蛮操作每处扣2分		
6	计时	熟练程度、操作技巧	5	每超时1min扣1分(不足1min时,按1min计),超时5min,考核结束 (计时时段:从车辆起步前鸣笛开始,到驾驶人下车后报告"操作完毕"终止)		
7	否定项	基本素质、基本技能		(1)中途熄火(因机械故障引起的中途熄火除外); (2)不按规定路线行驶; (3)驶出场外(全车有1/3部分出安全区); (4)违反安全操作规程,发生事故		
	合　　计		100			
考核员签字			操作用时		考核日期	年　月　日

注:每个作业项目的配分扣完后,不再扣分。

项目二　压实施工机械

学习任务5　压实机械的技术使用

 知识目标

1. 熟悉压实机械的用途、类型、压实性能与使用范围;
2. 掌握压路机的基本作业方法与安全操作要点;
3. 熟悉路基、基层、面层的压实方法。

 技能目标

1. 能根据施工现场的实际情况选择压实机械;
2. 驾驶压路机进行路基、基层、面层的压实;
3. 能根据施工现场的实际情况分析影响压实度的因素;
4. 能根据施工现场的实际情况选择压实机械。

 建议课时

18课时。

 任务描述

小明和斌斌利用平地机平整完路基后,他们找到老师,问接下来应当干什么?老师告诉他们:路基的材料平整后,就应在规定的时间内,按照一定的程序和规定对其进行碾压,使其达到规定的压实度,通过一定时间的养护,才能起到道路基础的作用。我们今天的任务就是学习压路机的基本操作及在各种施工条件下的压实作业方法与技术。

一、理论知识准备

(一)压实机械的用途

压实机械是一种利用机械自重或通过某种诱发力,在垂直或水平方向对地面持续重复加载,排除土内部的空气和水分,使之密实并处于稳定状态的作业机械。

在国民经济建设中,压实机械广泛用于公路、城市道路、铁路路基、机场跑道、港口、堤坝及建筑物基础等基本建设工程的压实作业。

(二)压实机械的分类、压实性能与使用范围

1. 压实机械的分类、压实性能与使用范围(表5-1)

压实机械的分类、压实性能与使用范围　　　　表5-1

类别	种别	形式	压实性能		使用范围
压实机械	静力作用式	光轮压路机	拖式	其滚轮是一个圆柱形筒体,以压路机的自重保证压实作用,还可以通过增减配重适当调整其线压力,扩大其应用范围	轻型:压实人行道和修补路面、路基和路面的初步预压实; 中型:路基和路面的中间压实及简易路面的最终压实; 重型:中等级公路的路基和路面及沥青混凝土路面最终压实; 超重型:高等级公路的路基及黏土和坚硬石料的压实
			自行式	是靠碾压轮自重及配重所产生的静压力直接作用于铺筑层上,使土壤等被压材料的固体颗粒相互靠紧,形成具有一定强度和稳定性的整体结构。但其压实功能有一定局限性,压实厚度亦受到一定限制,一般不超过25cm	
		羊足压路机	拖式		有较大的单位压力与羊足的挤压力,压实深度大而均匀,并能挤碎土块,因而有很好的压实效果和较高的生产率	高等级公路的路基和黏土和坚硬石料的压实;不适用于砂土和沙砾土
			自行式		
		轮胎压路机	拖式		机动性好,便于运输,进行压实工作时土壤与轮胎同时变形,全压力作用时间长,接触面积大,并有糅和的作用,压实效果好,不损坏被压材料的棱角,不压碎材料	适用于压实黏性土及非黏性土,如黏土、砂黏土、砂土和沙砾土等
			自行式		
	动力作用式	振动压路机	拖式	工作质量较大,通常由机车牵引作业。并具有结构简单,维修方便、激振力大、爬坡能力强、生产效率高等特点	见表5-2
			自行式	机动灵活,工效高,压实效果好	
		振荡式压路机		是一种振动与搓揉相结合的压实,其振动能量主要在被压层面内沿水平方向传播,垂直深度压实效果不如振动压路机,但在一定深度范围内的表层压实效果明显优于振动压路机	适用范围广,特别适用于对黏性土和沥青路面的压实
		冲击式压路机		对压实表层具有独特的搓揉、翻松和拌和作用,对土壤的含水率没有严格的要求,压实后整体性好,不容易出现裂纹	特别适合碾压软土地基、原始地基、深铺层土石方和含水率较高的黏性土;还可以用来破碎旧水泥混凝土路面和旧沥青路面
		夯实机械	振动式	体积小,质量轻	主要用于狭窄工作面的土层、石渣的压实	用于非黏性土、砾石、碎石的压实
			冲击式			适用黏土、砂质黏土和灰土的夯实作业

2. 压路机滚压工作机构简图(图 5-1)

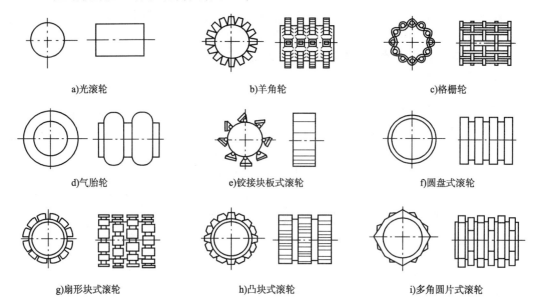

图 5-1　滚压工作机构简图

3. 振动压路机的应用范围(表 5-2)

振动压路机应用范围　　　　　　　　　表 5-2

质量和形式	块石	砂砾石		粉土、粉质土		黏土	
		优良级配	均匀粒级	粉质砂、粉质砾石、冰土	粉土、砂质粉土	低、中强度黏土	高强度黏土
3t 以下光轮		□	□	□	□		
3~5t 光轮		○	○	□	□	□	
5~10t 光轮	□	○	○	○	○	□	□
10~15t 光轮	○	○	○	○	○	□	□
振动凸块式			□	□	○	○	○
振动羊足式			□	□	□	○	○

注：○表示"适用"，□表示"可用"。

(三)压路机的施工技术

1. 压路机的基本作业方法

1)压路机压实运行程序

(1)道路碾压程序。压路机压实作业时应以路基或路面中心线为目标,从左右两边线开始逐趟压向中心线(压路机在纵向长度运行一次为一趟),直至压路机的主轮压到中心线为止,最后在路中加压那些主轮仍未按要求压到的地方。即："先两边,后中间"。

(2)坡度碾压程序。自低向高处压实。

(3)大面积压实方法。自高向低处压实。

(4)每次碾压重叠量。二轮二轴:25~30cm,其碾压程序如图5-2所示。三轮二轴:1/3~1/2压实轮宽度。三轮三轴:1/3压实轮宽度,其碾压程序如图5-3所示。

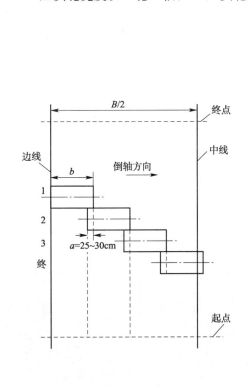

图5-2 二轮压路机碾压程序

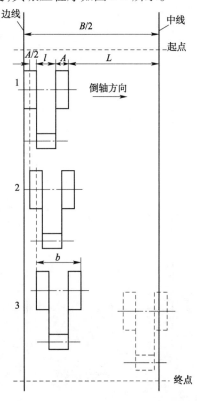

图5-3 三轮压路机碾压程序

2)压路机的调车方法

使用压路机进行压实作业时,为进行下一个压实循环而进行的压路机横向移位叫倒轴。压路机的调车换向必须在碾压段以外进行。

(1)换向前调车。换向前调车是指压路机碾压运行到接近路段外时,在一定的距离内将压路机按主轮重叠宽度的要求向左或右移动,以达到倒轴的目的。具体做法是(以向左倒轴为例):在压路机接近路段终点时,向左打转向盘,待压路机向左侧移到规定距离后,向右回转转向盘,直到车身回正后,再向左移动转向盘将转向轮回正。停车之后,车身和转向轮都已经处于直线行驶状态。操纵换挡,起步直线行驶再开始压实作业,即完成了倒轴调车,如图5-4所示。

(2)换向后调车。换向后调车是指压路机运行至本压实路段外后,先停车变换方向后再经过三次调整转向盘使压路机至倒轴位置,如图5-5所示。

注意:这两种调车方法都存在一个共同的问题,就是如何确定调车工作段的长度。实际作业时,要视具体情况定。距离过大则碾压效率低;过短则转弯半径过小,对接触面(压路机轮与路面接触面)产生过大的挤压,影响施工质量。一般来讲,碾压路基时,其距离可短些,碾压路面时,其距离应长些。总的原则是:在不影响施工质量的情况下,其距离尽可能短些,以提高工作效率。

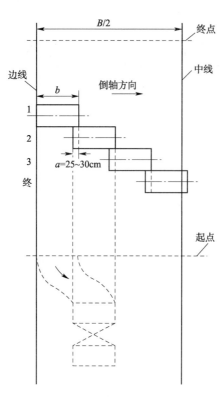

图 5-4 换向前调车

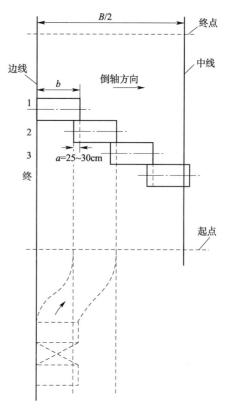

图 5-5 换向后调车

2. 路基的压实技术

路基是道路的基础,它是在天然地面上,利用土方施工机械挖、填,并经整平、压实后形成的具有足够强度和稳定性的线形道路基础。

路基的纵断面是弯曲起伏的线性结构。路基的横断面根据原地貌可修筑为路堤、路堑和半堤半堑三种基本结构类型,如图 5-6 所示。

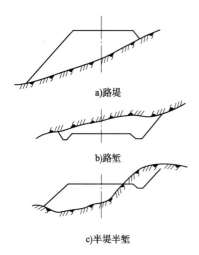

图 5-6 路基横断面的结构类型

路基的修筑材料多为就地取材,以石块和自然黏土为主。施工方法以挖、铲、运、填、平、压为主,工艺并不复杂,但土方工程作业量大,其投资比例占总投资额的 50%~60%。路基是公路工程的基础,路基的强度和稳定性将直接影响路面的使用寿命。

为了提高土体的密度,降低填土的透水性,防止水分的聚集和对路基的侵蚀,避免土基软化和冻胀引起不均匀变形,必须对路基进行有效压实,以提高其对外荷载和对自然因素影响的抵抗力。

利用运载工具行驶加载和土体的自然力沉降也能达到路基密实的目的,但需要较长的时间,且难达到所要求的密实度标准,很容易形成路基病害。在实际施工中,通常都要进行机械压实,使之达到不同等级路面的路基压实标准。

对于石质路基,应选用重型振动压路机进行振动压实,以提高压实效果;对于土质路基,各类压路机均有较好的适应性。

路基及基层的铺筑材料不同,所选用的振动压路机的型号规格不同,最大压实厚度也不同。在要求对颗粒材料的压实度不低于90%、对黏性土的压实度不低于95%的前提下,各类振动压路机压实不同填筑材料的最大压实厚度见表5-3。

压实厚度(压实后)表(单位:m)　　　　表5-3

压路机工作质量（括号内为振动轮分配质量)		路基				面基层	底基层
		回填石	砂、砾石	粉土	黏土		
拖式振动压路机	6t	0.75	▲0.60	▲0.45	0.25	▲0.30	▲0.40
	10t	▲1.50	▲1.00	▲0.70	▲0.35	▲0.40	▲0.60
	15t	▲2.00	▲1.50	▲1.00	▲0.50	☆	▲0.80
	6t(带凸块)	☆	0.60	▲0.45	▲0.30	☆	0.40
	10t(带凸块)	☆	1.00	▲0.70	▲0.40	☆	0.60
轮胎驱动振动压路机	7t(3t)	☆	▲0.40	0.30	0.15	▲0.25	▲0.30
	10t(5t)	0.75	▲0.50	0.40	0.20	▲0.30	▲0.40
	15t(10t)	▲1.50	▲1.00	▲0.70	▲0.35	▲0.40	▲0.60
	8t(4t)(带凸块)	☆	0.40	0.30	▲0.20	☆	0.30
	11t(7t)(带凸块)	☆	0.60	0.40	▲0.30	☆	0.40
	15t(10t)(带凸块)	☆	1.00	0.70	▲0.40	☆	0.60
两轮串联振动压路机	2t	☆	0.30	0.20	0.10	▲0.15	0.20
	7t	☆	▲0.40	0.30	0.15	▲0.25	▲0.30
	10t	☆	▲0.50	▲0.35	0.20	▲0.30	▲0.40
	13t	☆	▲0.60	▲0.45	0.25	▲0.35	▲0.45
	18t(带凸块)	☆	0.90	▲0.70	0.40	☆	0.60

注:▲表示最适合采用;☆表示不适合采用。

从表5-3中可以看出,振动压路机能适应各种工况的压实,特别是对砂质土壤压实效果最好。大型振动压路机对深层的压实效果是其他机型无可比拟的。

小型振动压路机和夯实机械适用于小规模工程和狭窄场合的压实,对构筑物的回填土压实效果也比较好。

对于重大工程的施工,正确地拟定压实工艺和配备适宜的压路机,往往是保证压实质量与节省开支的关键。例如压实基础层时,采用静碾压路机预压,采用振动压路机压实,采用轮胎压路机封顶,可以获得满意的压实质量,并且能适当减少设备投资费用。

无论选用何种压路机碾压路基,一般都是采用在整个路基宽度上按规定的碾压道顺序进行碾压的方式,从路基边缘逐渐向中间重叠碾压,其碾压道应相互重叠20～30cm。

压路机选型后,确定适宜的压实厚度,还要测定土壤的含水率。含水率应控制在最佳含水率的±2%范围之内。表5-4为各类土壤的最佳含水率。在施工现场,有时也可凭经验判断含水率,这就是"手握成团、没有水痕;离地1m,落地散开"的最佳含水率近似经验判断法。

几种土壤的最佳含水率和最大干密度　　　　表5-4

土壤种类	砂土	亚砂土	粉土	亚黏土	黏土
最佳含水率(%)	8~12	9~15	16~22	12~15	19~23
最大干密度(g/cm^3)	1.80~1.88	1.85~2.08	1.61~1.80	1.85~1.95	1.58~1.70

1)路基的压实步骤

路基碾压前应确定和调整好作业参数,并按初压、复压和终压三个步骤进行。

(1)初压。对铺筑层最初的1~2遍的碾压作业称为初压。初压的目的是为了在铺筑的表层形成较稳定、较平整的承载层,以利复压时承受较大的压实作用力。

路基初压一般可采用重型履带式拖拉机和羊足(凸块)碾进行碾压,也可选用中型压路机进行静力压实,其碾压速度应不超过1.5~2km/h。初压后,应用平地机对铺筑层进行整平。

(2)复压。复压是在初压的基础上连续进行的压实作业。复压通常碾压5~8遍,其目的是使铺筑层达到规定的压实度。复压是主要的压实阶段,在复压作业中,应尽可能发挥压路机的最大压实功能,以使被压层迅速达到规定的压实度。增加压路机的配重或调节轮胎式压路机的气压,使之单位线荷载和平均接地比压达到最佳状况,调节振动压路机的振频和振幅,都可充分发挥压路机的压实功能,提高压实效果。

复压作业的碾压速度应逐渐增大,在确保压实质量的前提下,最大限度地提高作业效率。复压时,应随时测定压实度,做到既符合规定的压实标准,又不过度碾压。

(3)终压。在竣工前对铺筑层进行的最后1~2遍碾压作业称为终压。分层修筑路基时,只在最后一层实施终压作业。终压的目的是为了使压实层表面达到平整的要求,因而适宜采用中型静压或振动式压路机,以静力碾压方式进行碾压,碾压速度可适当高于复压速度。

如果采用振动压路机或羊足(凸块)碾碾压路机进行分层压实时,由于表层存在松散现象,因此可将各分层表层10cm左右厚度作为下一铺筑层范围进行压实,这样就可使相邻铺层结合更为紧密。

2)路基压实应遵循的原则

路基压实应遵循"先轻后重、先慢后快、先两边后间中"的碾压原则。

(1)"先轻后重"即初压轻,复压重;先静力碾压,后振动碾压。这也是路基分层压实压路机选型的原则。

(2)"先慢后快"是指压路机的碾压速度随着碾压遍数增加应逐渐加快,也即初压时要以较低的速度进行碾压,这样可以延长碾压力作用时间,增加影响深度,加快土体变形,避免产生碾压轮拥土现象,防止压路机陷车等异常情况发生。随着碾压遍数增加,铺筑层的密实度也迅速地增加,加快碾压速度则有利于提高铺筑层表层的平整度和提高压路机的作业效率。

(3)"先两边后中间"的碾压顺序,是压路机在压实作业过程中应始终坚持的一条规则。也就是说,作业时压路机必须先从路基的一侧(距路基边缘30~50cm处),沿路基延伸方向,逐渐向路基中心线处进行碾压,在越过路基中心线30~50cm后,再从路基的另一侧边缘开始向路基中心线处碾压。

值得注意的是:实施弯道碾压作业时,应先从路基内侧逐渐压向路基外侧,也即从路基低处压向路基高处。碾压一遍后,再从内侧开始向外侧碾压,如此循环;对傍山路基的碾压,则应先从靠山坡的一侧开始,逐渐向沟谷一侧碾压。为防止发生陷车和翻车事故,在碾压山区公路路基沟谷一侧时,碾压轮应距离路基边缘100cm左右。

3. 基层的压实技术

基层是路面的直接基础。基层的修筑质量对路面的强度、使用质量和使用寿命有直接的影响。基层首先应具有足够的强度和刚度,在行车荷载的反复作用下,不产生残余变形,不出现剪切和弯拉破坏;其次应具有足够的水稳定性和平整度,防止水分侵入基层深处,保证上基层、底基层、路基的强度稳定性和路面的平整性。

1) 基层材料

我国采用的基层材料及类型较多,广泛采用的基层材料类型有下面三种:

(1) 无机结合料稳定类整体型(也称半刚性型)。该类型基层包括:水泥稳定土基层、石灰稳定土基层和石灰工业废渣基层。这类基层具有良好的力学特性、板体性、水稳定性和抗冻性。

(2) 级配型和粒料类嵌锁型。此类基层包括级配型集料基层和填隙碎石基层。它具有结构密实、孔隙率和透水性较小、强度比较稳定等特点。

(3) 有机结合料稳定石料类。此类基层材料有拌和沥青碎石混合料、沥青贯入式碎石料两类,具有较高的抗疲劳破坏能力,成本较高,施工工艺也较复杂,主要用于一级公路和高速公路的基层。

2) 两种常用基层材料的碾压技术

(1) 稳定土基层的碾压工艺。

目前常用的稳定土主要有水泥稳定土和石灰稳定土两类,其施工方法可采用路拌法,也可采用中心站集中拌和法(即厂拌法)。

其中,路拌法的施工程序为:摊铺集料→洒水闷料→水泥卸料、摊铺→路面干拌→洒水和湿拌→整形→碾压→养生。

稳定土的碾压应在混合料拌和均匀并用平地机初平和整形之后进行。最初可用轮胎式压路机、履带式推土机、拖拉机或平地机快速初压一遍。在暴露出铺筑层潜在的不平整度后,应快速进行整平,直至符合平整度要求为止。整形应达到断面和坡度的设计要求,整形后,应随即用12t以上的三轮压路机、重型压路机或振动压路机在路基全宽度范围内进行碾压。如果稳定土采用人工摊铺和整形,由于土层松散,则应先用6~8t两轮压路机、振动压路机(静压)或履带式推土机预压1~2遍。

当混合料的含水率为最佳含水率(最多不超过最佳含水率的1%~2%)时,正常压实必须碾压6遍以上才能达到密实度的要求,也即基层的压实度应不小于98%,底基层应不小于96%。

基层的碾压顺序与路基相同;直线段由路肩向中心线碾压;曲线段(弯道)由内侧路肩向外侧路肩碾压。碾压时应有重叠度,稳定层的边部和路肩应多压2~3遍。碾压速度应先慢后快:前两遍为低速(1.5~1.7km/h),后为快速(2~2.5km/h)。在碾压过程中,压路机不能在已碾压或正在碾压的路段上掉头、紧急制动,以免损伤基层表面。终压时要达到表面平整度的要求。

实践证明:振动压路机对水泥和矿渣稳定土碾压具有理想的压实效果。采用静线压力为250N/cm的振动压路机碾压水泥稳定土基层,通常只需碾压3~4遍就能达到密实度的要求。选用振动压路机应优先选用双轮振动压路机,其振频可在30~50Hz之间,振幅可在0.4~1mm之间调整。

石灰稳定土的密实度对其强度影响的程度大于水泥稳定土,密实度越高,强度增长越明显,其抗冻性与水稳性也越好,因此对石灰稳定土基层必须充分压实。石灰稳定土从拌和到压实允许有较长的时间(对其密实度和强度影响甚微),因此有充足的时间进行拌和与压实。对石灰稳定土的强度和耐久性产生影响的因素还有养生条件,养生温度高,强度也高;环境温度过低,则强度增长缓慢。

(2)级配型集料的压实技术。

级配型集料包括碎石级配料、碎砾石级配料和砾石级配料。采用此类材料铺筑上基层和底基层,可获得理想的密实结构。密实度越高,其强度和稳定性也越高。

采用振动压路机碾压级配集料基层效果最佳,通常选用中型振动压路机,振动轮5t左右,静线压力为250N/cm,能将铺层厚为150~300mm的集料基层压实到规定的密实度。

级配集料基层属于自由排水基层,即使有一定的含水率,仍能进行有效压实,但为了避免产生粗细颗粒离析现象,仍然要控制混合料的含水率,使之达到最佳含水率时再行压实。有关碾压方法与稳定土基层的碾压方法相同,此处不再赘述。

3)对基层材料及其压实质量的要求

道路基层与底基层通常由粒径0~50mm并掺加黏结剂的混合料铺筑,其压实度要求达到95%~98%,而且要有较好的平整度。

砾石基层采用振动压实已成为一种标准的工艺方法,被各国公路质量监理所公认。用振动轮分配质量为5t的自行式振动压路机,能够把铺层厚度300mm的砾石基层压实到规定的压实度。

底基层介于路基和基层之间,亦称垫层,可以用细屑含量较高的粒料铺筑,还可用最大尺寸80~200mm的毛石子封顶铺筑,并喷洒沥青使其黏结于表面上。采用中等重型振动压路机能有效地压实0.8m厚的碎石底基层,可以得到一个很稳定的道路基层。

在许多国家和地区,还习惯于用振动压路机和轮胎压路机联合碾压粒料基层和底基层,如果改用组合式振动压路机就可以兼有两种机械的优点。

由于沥青价格的上涨和自然石料的来源有限,现在越来越多地采用由水泥、石灰、矿渣及炉灰作稳定剂的混合稳定土作基层和底基层铺筑。由于土壤性能和气候条件的限制,自然土的压实性能差别很大,用稳定剂改善土壤的压实性能,可以大大提高压实质量。

水泥可用作多种性能土壤的稳定剂,可以是含有粉土与黏土的级配土壤,更可以是粗颗粒材料。采用石灰稳定法,胶体矿物会与黏土起化学反应,有利于稳定土的固结。稳定土加入水泥或石灰的比例,一般取干土质量的3%~7%。用矿渣作为道路基层铺筑材料的日益增多,有良好级配的矿渣可单独用作基层材料。另外,炉灰也可以用来稳定粒状材料。

采用路拌法压实稳定土基层,由于在露天现场工地拌和作业,其含水率难以控制,拌和均匀度较差,稳定土基层质量欠佳,可用于一般等级公路的基层施工。此种施工工艺所使用的机械设备较便宜,还可节省一些运输费用,施工成本相对较低。

采用厂拌稳定土基层施工工艺,稳定土拌和工序比较集中,含水率易于控制,拌和均匀,压实质量较高,常用于高等级公路基层的施工。采用此法施工,因其设备费用较高,故成本也相对较高。

应当指出,压路机的变幅振动和采用振动驱动轮,对提高基层和底基层的压实质量具有重大的意义。大振幅能有效地压实铺层底部,压过几遍之后改用小振幅,可提高表层的密实度。因为铺层材料压实度提高后有硬化的趋势,如果仍使用大振幅会使振动轮"弹跳",不利于表层压实。振动轮自我驱动比振动轮被动的压路机,其作用于面层材料的水平推力小,因此所引起的材料平移和龟裂趋势大大减少。

4. 沥青路面的压实技术

沥青混凝土由级配粒料(骨料)、石粉(填料)和沥青(黏结剂)经脱水、加温和搅拌而成,它是公路与机场跑道路面的主要铺筑材料。

沥青碎石路面和沥青混凝土路面属柔性路面,要提高沥青路面的承载能力、稳定性和使用寿命,必须对沥青路面进行充分压实。沥青路面压实不充分,就达不到交通承载能力所需要提供的足够的抗剪强度,容易失去密水性、过早氧化并出现裂缝和松散等早期破坏。降低沥青混合料的孔隙,可防止水对路面下卧层的侵蚀。沥青混合料的氧化,会使混合料变脆,导致松散、开裂。

柔性路面一般由面层、基层、垫层等结构层所构成,如图 5-7 所示。

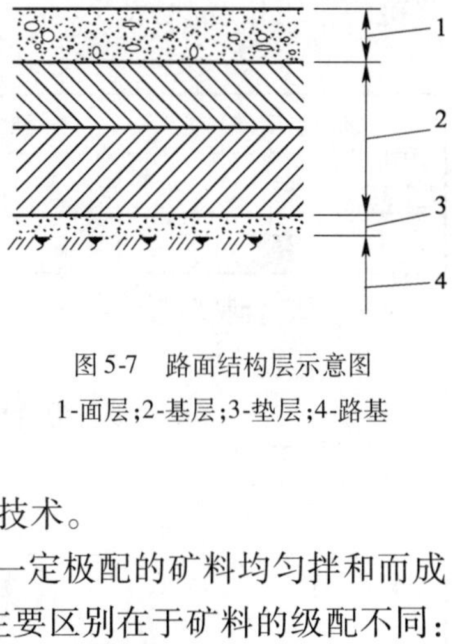

根据交通流量和铺筑材料的不同,沥青路面有高级路面和次高级路面之分。高级沥青路面的面层结构有沥青混凝土和热拌沥青碎石两种;次高级沥青路面有沥青贯入式碎石、砾石和沥青碎石、砾石表面处治两类。

图 5-7 路面结构层示意图
1-面层;2-基层;3-垫层;4-路基

沥青混凝土铺层厚度较薄,最厚也不超过 25cm,需要用沥青混凝土摊铺机摊铺并熨平之后进行压实。

下面重点介绍热拌沥青碎石和沥青混凝土面层的压实技术。

沥青碎石和沥青混凝土面层都是用沥青做结合料,与一定极配的矿料均匀拌和而成的混合料,经摊铺和压实形成的沥青路面结构层。它们的主要区别在于矿料的级配不同:沥青碎石混合料中所含细矿料和矿粉较少,压实后表面较粗糙;沥青混凝土混合料的矿料则级配严格、细矿料和矿粉含量较多,压实后表面较细密。

沥青路面面层的施工方法有热拌热铺、热拌冷铺、冷拌冷铺几种,我国目前多采用热拌热铺法进行施工。采用热拌热铺法,沥青混合料的压实温度对压实质量有很大的影响。通常,沥青碎石面层开始碾压的最佳温度应为 70～85℃;沥青混凝土面层的最佳碾压温度则为:石油沥青混凝土 110～150℃,煤沥青混凝土 90～110℃。如果温度过低,混合料难以压实;混合料温度过高,沥青则容易老化。

沥青路面面层的压实工序为:紧随摊铺工序,先进行接缝碾压,然后沿作业路段,按初压→复压→终压顺序进行压实作业。

压路机开始碾压的时间不得迟于混合料摊铺后的 15min，这是因为高温的沥青混合料在大气环境温度条件下容易产生温降，故必须控制温降范围。实践证明，当沥青混凝土搅拌设备的出料温度控制在(150±5)℃范围内，大气环境温度为 5~10℃时，运送距离 10km 混合料的温度下降 10~20℃。因此，远距离运送沥青混凝土必须作好保温措施，或者使用封闭式自卸车运输。

沥青混凝土在施工过程中的温度每分钟平均下降 1~5℃。从摊铺到碾压开始，一般需 1~8min，温度下降 5~40℃，因此必须有熟练操作技术的摊铺机手和合理的施工组织。

沥青混合料运达摊铺施工工地的温度应符合表 5-5 的要求。

沥青混合料施工温度　　　　　　　　　　　表 5-5

混合料种类	到达工地温度(℃)		
	气温 25℃以上	气温 25~10℃	气温 10℃以下
热铺石油沥青混凝土	135	140	140
热铺煤沥青混凝土	100	100	105
热铺石油沥青黑色碎石	100	105	105
热铺煤沥青黑色碎石	75	80	80

为了使沥青混凝土在碾压过程中不至于温度降得过低，应根据气温的变化来确定压路机的碾压长度，见表 5-6。

施工中环境温度与碾压长度值　　　　　　　表 5-6

环境温度(℃)	碾压长度(m)	环境温度(℃)	碾压长度(m)
<10	20~40	20~30	50~80
15	40~50	>30	100

沥青混合料的特性不同，对碾压作业有着不同的影响，往往在施工过程中需采取不同的对策，见表 5-7。

沥青混合料的性能对压实作业的影响及应采用的对策　　表 5-7

混合料成分及性质			对压实的影响	对　　策
矿料	表面光滑		粒间摩擦力小	使用轻型压路机和较低的混合料温度
	表面粗糙		粒间摩擦力大	使用重型压路机
	硬度不足		会被钢轮压路机压碎	使用坚硬矿料，使用充气轮胎压路机
沥青	黏度	高	限制颗粒运动	使用重型压路机，提高温度
		低	碾压过程中颗粒容易移动	使用轻型压路机，降低温度
	含量	高	碾压时失稳	减少沥青用量
		低	降低了润滑性，碾压困难	增加沥青用量，使用重型压路机
混合料	粗粒过量		孔隙比大，不易压实	减少粗粒矿料，使用重型压路机
	砂子过量		工作强度过高，不易碾压	减少砂用量，使用轻型压路机
	矿粉过量		混合料软黏，不易碾压	减少矿粉用量，使用重型压路机
	矿粉不足		黏性下降，混合料可能离析	增加矿粉用量

对于沥青混凝土路面,各种压路机都能使其得以有效地压实。但压实效果稍有不同,图 5-8 所示为不同压实原理的压路机,压实沥青混合料的比较试验结果。被压实材料是 3.5cm 厚的沥青混凝土,其中 a 为 10t 双轮串联振动压路机的试验曲线,b 为 10t 静碾光轮压路机的试验曲线,c 为 17t 轮胎压路机的试验曲线。结果表明,振动压路机的压实效果最好,光轮压路机次之,轮胎压路机的压实效果较差。

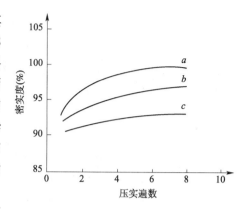

图 5-8 不同压路机压实效果比较试验曲线

在碾压沥青混凝土路面的过程中,应对压轮表面喷洒乳化剂或水,以免沥青混合料黏附在轮面上影响路面质量。

目前,振动压实已被纳入了沥青混凝土路面的标准施工工艺,一般可选用中等静线压力的全轮驱动全轮振动串联压路机,能获得很好的压实效果和面层质量,并且具有很高的生产率。压实沥青混凝土的振动频率为 45~55Hz,对铺层厚度不超过 15cm 的可使用小振幅(0.35~0.6mm),较厚的铺层材料可选用较大振幅(直到 1mm)。

轮胎压路机在压实沥青混合料时能发挥其独特的优点。由于轮胎的揉搓作用,能使骨料相互嵌紧而不被破坏,各种级配材料能相互柔和而密实度均匀。因为当使用刚性压轮滚压热沥青混凝土时,在近表层部位会出现如图 5-9 所示的现象:当压轮进入料层压实时,轮的前下方挤压料层,产生第一次疏松。当压轮通过料层上面时,料层受到垂直荷载的作用而压实。压轮通过以后,料层受到压轮的反向作用力,在表层产生第二次疏松。这种情况随料层的性质、压轮的线荷载和路基的刚度不同而变化。由此可见,刚性压轮滚压后的表面是不密实的,而使用揉性压轮滚压可以克服此缺点。

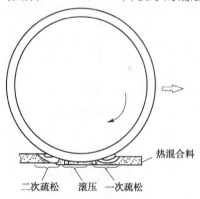

图 5-9 钢轮滚压热沥青混凝土时表层的疏松状况

比较合理的沥青混凝土路面压实方案是使用双钢轮振动压路机压实,而配合使用串联静碾压路机预压和使用轮胎压路机作封顶压实。这样既增加了路面的抗渗透能力和气候稳定性,又能保护骨料以增加路面的抗滑性能。

1)沥青混凝土铺砌层的碾压原则

(1)压实路面应从道路两侧边缘开始,逐步碾压移向道路中心。先后两次的滚压带要有一定的重叠宽度,串联压路机和单轮振动压路机的重叠宽度取 250~300mm,静碾三轮压路机的重叠宽度可取主压轮的一半。

(2)开始第一遍碾压的最佳温度:石油沥青为 80~150℃(渣油沥青为 90~110℃),若碾压温度过高,材料会在滚轮前受到挤压,出现沿滚筒边缘膨胀产生横向裂纹和黏附于滚筒上的现象,如图 5-10 所示。

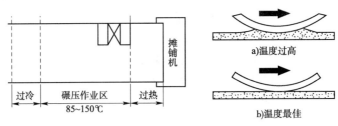

图 5-10　碾压最佳温度

（3）压路机要尽量靠近摊铺机碾压，并采取先轻后重的施压方法，以确保在混合料冷却到低于所需最低温度前达到密实度要求。

（4）在碾压新铺混合料时，操作人员应先将驱动轮驶入新鲜混合料场，以减少波纹和断裂现象，如图 5-11 所示。

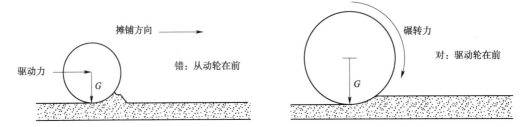

图 5-11　碾压方向

（5）保持碾压速度恒定，如图 5-12 所示。热料面层上不要任意停车，转向或起步时应缓慢，这样可以把压痕减到最小。

（6）振动压路机转移、换向或停驶时要断开振源，等到压实作业时再接通。

（7）碾压时变更碾道（倒轴调车）要在碾压区较冷的一端进行；要避免在热沥青料层上停机；压路机停放时要与行驶方向成一角度，如图 5-13 所示。

2）常规碾压方法

（1）普通碾压方法。压路机以与道路中心线平行的方向行驶，从路边缘开始逐渐移向路中，每一次的碾压应与前一次的碾压带大约重叠 10～20cm。

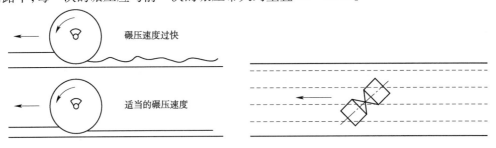

图 5-12　碾压速度的影响　　　　　　图 5-13　压路机的停放

（2）交替碾压方法。同普通碾压方法基本相同，压路机也是从路边开始向中心线移动，不同的是碾压带重叠宽度为压路机滚轮宽度的 50%。此种方法可减少混合料的推挤或出现波纹等碾压缺陷。

碾压施工中，采取何种方法、何种参数进行碾压，一般都由施工技术人员指定。在碾压过程中，为了确保正常的碾压温度范围，每碾压一次要向摊铺机靠近一次，这样可防止在整个铺层宽度上相同地段换向造成压痕,如图 5-14 所示。在路拱或横坡上进行碾压,压路机一定要从最低边开始碾压,直到最高边结束,其目的是为保证压路机以压实后的材料作为支承边。

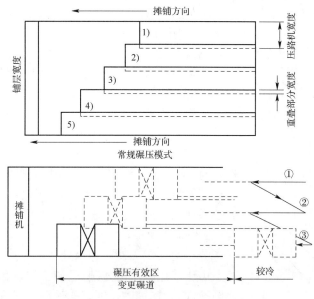

图 5-14 碾压模式

3)接缝的碾压

沥青混合料摊铺和压实的接缝有纵接缝和横接缝两种。

(1)纵接缝的碾压。纵接缝的形成与摊铺工艺有关,纵接缝的形成情况不同,采用的碾压方法也不同。

①两台以上摊铺机呈梯形队进行全幅摊铺时,因相邻摊铺带的沥青混合料温度相近,纵接缝无明显界限,碾压时,压路机沿纵缝往返各压一遍即可。此种纵接碾压效果较好,如图 5-15 所示。

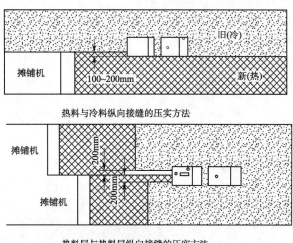

图 5-15 分车道摊铺纵接缝处理工艺

②采用一台摊铺机沿作业段进行摊铺,然后再返回摊铺相邻车道。或采用两台摊铺机前后保持较远距离,沿同一车道作业段进行摊铺。此种摊铺作业方法形成的摊铺带,其内侧无侧向限位,沥青混合料容易在碾压轮的挤压下,产生侧向滑移。此时,压路机应先从距内侧边缘 30~50cm 处沿纵接缝线往返各预压一遍,然后掉头至外侧的路缘石或路肩处开始初压,每压实一遍只侧移 10~15cm,依次压至内侧距内侧边缘 5~10cm 处为止。待相邻摊铺带铺好后,再从已碾压好的原内侧位置开始,依次错轮碾压到越过纵接缝线 50~80cm 处为止。

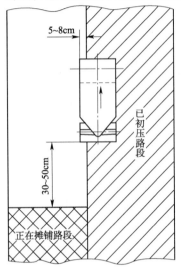

图 5-16 分车道摊铺无侧限边缘碾压纵接缝

这种纵接缝碾压方法,考虑相邻摊铺带温差不宜过大,要求前后摊铺时间不能过长,其时间间隔一般不得超过一个规定作业路段的摊铺时间。

③与一台摊铺机进行摊铺配套纵接缝压实。由于受机械或其他条件限制,相邻摊铺带摊铺与压实的时间间隔过长时,可先将压路机沿无侧限一侧距离边缘 30~50cm 处往返各碾压一遍,然后再从有侧限一侧开始进行初压,直至最初碾压的接缝侧轮迹,再依下次错轮越过无侧限边缘 5~8cm 处为止。

分车道摊铺无侧限边缘处碾压方法如图 5-16 所示。

由于采用分车道摊铺,已初压的摊铺带接缝处混合料逐渐冷却,新摊铺的相邻摊铺带混合料应与已压实的摊铺带搭接 3~5cm,并在接缝处做加温处理,然后再将搭接的沥青混合料推回新铺的混合料上并整形。其纵接缝处理工艺如图 5-17 所示。

分车道摊铺纵接缝整形后,应随即用压路机将纵接缝压平。若采用振动压路机进行振动碾压,功效会更高,往返各碾压 1~2 遍即可将纵接缝压平到位。

(2)横接缝的碾压。作业段摊铺的前后连接处为横接缝。前作业段摊铺结束后,在后作业段摊铺之前,应对横接缝进行技术处理。

碾压横接缝应选用刚性光轮压路机沿横接缝方向进行横向碾压,如图 5-18 所示。开始碾压时,碾压轮的大部分应压在已压实的路段上,仅留 15cm 左右轮宽压在新摊铺的混合料上。然后压路机依次向新摊铺路段侧移碾压(每次侧移量为 15~20cm),直至完全越过横接缝为止。

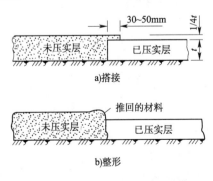

图 5-17 纵向接缝的处理工艺

图 5-18 横接缝的碾压

如果相邻车道尚未摊铺,碾压横接缝时应在未摊铺的横接缝一侧垫上供压路机驶出的材料(如木板等),以免压坏摊铺带边缘,如图 5-19 所示。

在处理纵接缝和横接缝的压实工艺时,通常应先碾压横接缝,后碾压纵接缝,这样可以避免横接缝的接合面分离。

接缝处出现不平现象,可在不平处做疏松处理后,进行补压。

4)弯道及交叉路口的碾压(图 5-20)

碾压弯道或交叉路口时,容易在铺层料上产生剪切力,剪切力会导致材料产生位移,因此可采用下列方法碾压:

(1)从弯道内侧或较低的一边开始碾压,以利于形成一个良好的支承面。

(2)尽可能直线碾压,避免在弯道上换向。

(3)可采用缺角式碾压,并逐一转换压道。

(4)不要在没有压实的混合料上换向。

(5)转向应与速度配合,行驶很慢时不应较快转向。

(6)尽可能采用振动碾压以减小剪切力。

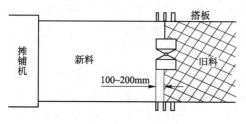

图 5-19 横接缝的碾压

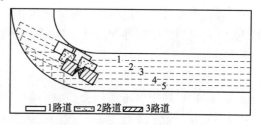

图 5-20 弯道及交叉路口的碾压

5)坡道的碾压

上坡碾压时压路机的驱动轮应在后面(串联式压路机),以承受坡道传递的驱动力,前轮起预压作用,使混合料能够承受驱动轮产生的剪切力。压路机起步、停车和加速都要平稳,避免速度过高过低;此外先用静力预压,等到混合料温度降到接近下限(120℃)时,才能使用振动压实。下坡碾压时驱动轮应在后面,此外还应避免压路机的突然变速或制动,在很陡的坡上应先使用轻型压路机预压,如图 5-21 所示。

a)上坡碾压

b)下坡碾压

图 5-21 坡道的碾压

6）初压

接缝压好后,应立即进行初压。初压具有防止沥青混合料滑移和产生裂纹的作用。

初压应采用静力碾压,通常选用刚性光轮压路机,以 1.5～2km/h 的碾压速度碾压 2 遍。相邻轮迹重叠 30cm,按"先边后中"的原则顺序碾压。

初压作业中还应掌握以下压实技术：

（1）掌握好开始碾压时沥青混合料的温度,参照碾压各种沥青混合料铺筑层初始温度推荐范围进行碾压。沥青混合料温度过高,骨料之间的黏结力不足,碾压时混合料容易从碾压轮两侧挤出,或被碾压轮推拥,或黏滞在碾压轮上,影响平整度。沥青混合料温度过低,则影响复压和终压的压实效果,无法达到规定的压实度,甚至出现松散和麻坑。

（2）为了减少或避免出现横向波纹和表面裂缝,碾压沥青混凝土路面最好是选用全轮驱动的压路机。在没有全轮驱动压路机的情况下,应将压路机的驱动轮朝摊铺方向进行碾压,这样可以利用驱动轮的驱动力沿碾磙切线方向将混合料向后楔紧于轮下,防止松散的、温度较高的混合料在碾压轮前拥起。

（3）初压时往返碾压轮迹应尽量重叠,并禁止在作业路段内操作压路机急转弯、变速、制动和停车,以防止路面出现撕裂、划痕、凹痕等现象,防止损坏路面的平整度。弯道碾压,应从内侧低处向外侧高处依次碾压,并尽量采用直线碾压方案。

7）复压

初压之后,应立即进行复压作业。复压的目的是为了使摊铺层迅速达到规定的压实度。复压时,可选用静压式压路机,也可选用振动压路机碾压。静压式压路机通常碾压 4～6 遍,振动压路机对于和易性较差的沥青混合料同样需要碾压 4～6 遍,而对和易性好的沥青混合料碾压 3～5 遍即可。静力光轮压实的碾压速度为 2～3km/h;轮胎式压路机的碾压速度可适当提高至 3～5km/h;振动式压路机的碾压速度可在 3～6km/h 范围内进行选择,和易性好的沥青混合料可适当快一些。

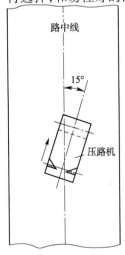

图 5-22 终压时消除路面横向波纹和纵向轮迹的方法

如同路基压实作业一样,复压作业也应遵循"先边后中,先慢后快"的压实原则。

复压一般应压至路面无明显轮迹为止,每次换向碾压的停机位置不应在同一横线上,而应沿横向呈阶梯状停机,如图 5-14 所示。

碾压纵坡时,如坡度较大,复压的最初 1～2 遍不宜进行振动压实,以免沥青混合料滑移。采用振动压实时,在停机和换向前应先停振,起步后才能起振。

8）终压

复压达到压实度标准后,应立即进入终压作业。终压的目的是提高路面表层的密实度,同时清除路面表面的轮压痕迹。终压应选用静力压实方式,一般碾压 2～4 遍,碾压速度可稍高于复压。

为了有效地消除路面的横向波纹和纵向轮迹,可采用压路机斜向运行方案,即碾压方向与路面纵向中线成 15 左右夹角碾压 1～2 遍,如图 5-22 所示。也可用轮胎压路机将轮胎升降机构锁定,更换适当的配重或用三轮三轴式光面静力压路机碾压,均可有效消除微小裂纹和波纹缺陷。

二、任务实施

(一)准备工作

(1)平整场地一处,振动压路机一台。
(2)柴油、柴油机润滑油、润滑脂、制动液、冷却液。
(3)桩杆、标志绳、皮尺、钢卷尺。
(4)加油桶、常用工具、包皮布等物品。

(二)技术要求与注意事项

1.压路机仪表及操纵装置

在驾驶压路机之前,必须熟悉驾驶室内的仪表和操纵装置,这些仪表和操纵装置因机型而异,但其功能和使用方法基本相同。下面以英格索兰双钢轮振动压路机(图5-23)为例来阐述。

(1)英格索兰双钢轮振动压路机主要部件名称如图5-24所示。

图5-23 英格索兰双钢轮振动压路机

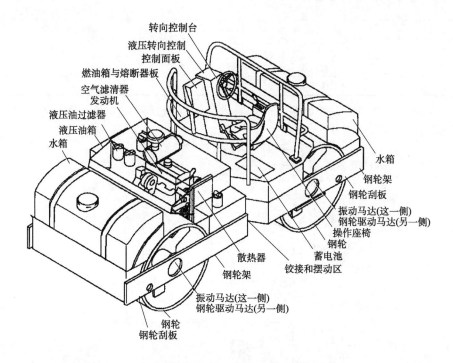

图5-24 英格索兰双钢轮振动压路机主要部件名称

(2)英格索兰压路机专用符号如图5-25所示,各符号代表的含义见表5-8。

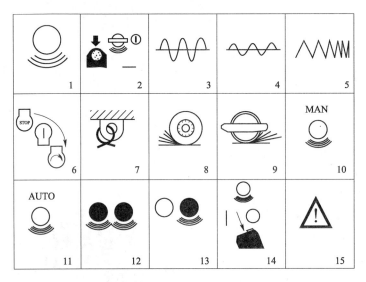

图 5-25 英格索兰压路机专用符号

英格索兰压路机专用符号的含义　　　　　　　表 5-8

符号代号	含　义	符号代号	含　义
1	钢轮振动	9	钢轮防滑转
2	钢轮振动控制	10	手动振动控制
3	高振幅	11	自动振动控制
4	低振幅	12	双钢轮振动模式
5	频率(振动)	13	单钢轮振动模式
6	起动开关	14	振动控制模式
7	栓系点	15	小心
8	车轮防滑转		

(3)英格索兰双钢轮振动压路机的仪表板和操纵装置如图 5-26 ~ 图 5-29 所示,各仪表和操纵装置功用见表 5-9。

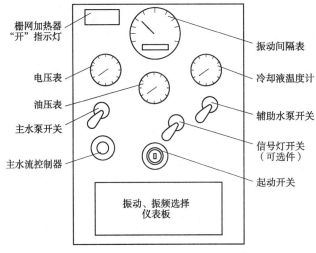

图 5-26 英格索兰双钢轮振动压路机仪表板

项目二 压实施工机械

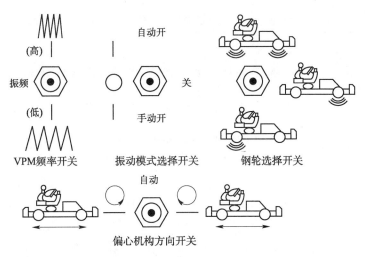

图 5-27 英格索兰双钢轮振动压路机振动、振频选择仪表板

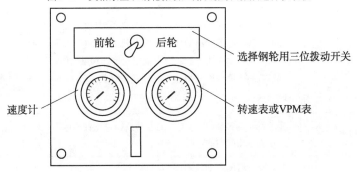

图 5-28 英格索兰双钢轮振动压路机可选装仪表板

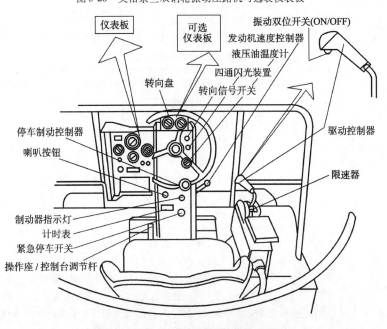

图 5-29 英格索兰双钢轮振动压路机操作台

英格索兰双钢轮振动压路机操作台各仪表和操纵装置功用表　　　表 5-9

序号	名　称	功　能
1	主水流控制器	可调旋转控制器,操作者可以调节从水系统到钢轮的水流量。顺时针方向离开"关"位置转动控制旋钮,使来自主水系统的水流量增至最大。逆时针方向朝着"关"位置转动控制旋钮,使水流量减小。调节此控制器不影响辅助水系统
2	主水泵开关	双位开关(ON/OFF),用于开动每个水箱中的水泵。开关移到 ON 位置时开泵;当给水箱重新加水或不需要用水时,移到 OFF 位置
3	油压表	显示发动机油压,有两个刻度分别标定 0～100lbf/in^2 和 0～700kPa。 在正常运转速度下读出压力应在 40～60lbf/in^2 或 276～414kPa。在空转速度下,油压表应显示在 25～30lbf/in^2 或 172～207kPa
4	电压表	指示当起动开关处在"运行"位置时当前的电池状况。正常的工作范围为 13.5～14.5V
5	栅网加热器"开"指示灯	起动开关在运行①位置情况下,当发动机温度低于起动温度时,指示灯亮。 在装备康明斯 B5.9-C-185Elite 发动机的压路机上,不要使用乙醚。进气总管火焰加热器起动辅助有明火。乙醚可能引起爆炸和重大伤害。 指示灯亮表明栅网加热器正在加热发动机进气室中的空气。当进气温度很高足以促使发动机起动时,指示灯将熄灭
6	振动间隔表	显示钢轮的振动,以每英尺的振动数和每分钟的振动数标定。表盘上的绿色区域指示正常工作的"压实区"
7	冷却液温度计	显示发动机的冷却液温度,有两个刻度,分别标定为 100～280°F 和 38～138℃。 正常工作温度为 160～190°F 或 72～88℃
8	辅助水泵开关	双位拨动开关(ON/OFF),用于开动辅助水系统的水泵。 开关拨到 ON 位置,开动辅助水泵;当不需要用泵时拨到 OFF 位置。辅助水泵在主水泵出现故障时,用作备用系统
9	起动开关	钥匙操纵的三位置(停机、运行、起动)开关,控制发动机停机、起动和运行操作。  　停机位置　　　运行位置　　　起动位置 将开关顺时针方向从停机位置转到运行位置给电气系统通电。继续将开关转到起动位置起动发动机。发动机一起动,立即放开开关,它将自动到运行位置。如果发动机不起动,应等 3～5min 后再起动试;如 3 次起动不成功,应检修后再起动
10	VPM 频率开关	两位置开关,用于选择作业所需的钢轮振动频率。 开关可以转到最低(LO)频率、最高(HI)频率或关(OFF)位置。最低频率设定对于 DD 90 和 DD100 型为每分钟振动 1850 次,对于 DD 90HF 型为每分钟振动 2850 次,对于 DD 110HF 型为每分钟振动 2500 次。最高频率设定对于 DD 90 和 DD 110 型为每分钟振动 2500 次,对于 DD 90HF 型为每分钟振动 3800 次,对于 DD 110HF 型为 3350 次。如果不需要钢轮振动,将开关移到 OFF 位置

续上表

序号	名称	功能
11	振动模式选择开关	三位置开关,用于选择自动或手动钢轮振动和关闭位置。 在自动振动(AUTO VIB)位置,当压路机行进速度达到预先设定的速度时,钢轮自动开始振动,而当行进速度降到同一预定速度时即停止振动。该速度可以设定为2/4、1¹/４、1³/４和2¹/４ mile/h(1.2、2.0、2.8和3.2km/h)。 将开关置于手动振动(MANUAL VIB)位置,当发动机运转时钢轮将振动。 将开关置于中间(OFF)位置,所有振动停 注:振动模式选择开关必须与钢轮选择开关一起使用
12	钢轮选择开关	三位置开关,用于选择单独或两个钢轮振动。 将开关置于两个(BOTH)位置,前、后钢轮将都振动。选择前(FRONT)或后(REAR)将分别得到前钢轮或后钢轮振动
13	偏心机构方向开关	三位置开关,控制偏心机构运转的方向。 开关置于左边,钢轮将顺时针方向转动(从钢轮偏心机构一侧看)。 开关置于右边,钢轮将逆时针方向转动(从钢轮偏心机构一侧看)。 开关置于中间(AUTO)位置,在压路机方向反过来时,偏心机构自动转动(改变旋转方向)
14	转向盘	用于在作业时改变压路机方向
15	发动机速度控制杆	用于调节发动机转速(r/min)。逐渐往上拉控制杆,使发动机减速,往下压使发动机加速 注:不要用发动机转速控制器控制压路机的行进速度
16	驱动控制器	控制压路机的方向、行进速度和制动功能。 警告!快速移动驱动控制器可能导致压路机失去控制、摇摆或严重损伤。 无论要往前或往后驱动压路机,都要逐渐地往所要的方向移动手柄。 要减慢和停止压路机的行进,应将控制器慢慢地朝"停止"位置移动。到达"停止"位置时,压路机行进完全停止。 注:驱动控制器除了在"停止"以外的任何位置上都不能起动发动机
17	振动双位开关(ON/OFF)	按振动控制器的选择开始和停止振动,按下开关,开始振动,再按一下开关,停止振动 注:仅在压路机行进时打开振动。在压路机停下前关掉振动。不允许在压路机静态时振动。
18	带起动开关的操作座	操作座可通过移动座椅左边的拉杆而向前、向后调节,并往所希望的方向滑动 注:座椅下有一个开关,只有在对座椅施加压力下才能起动。
19	操作座/控制台调节杆	调节杆用于将控制台和操作座作为一个单位旋转180°。控制台和操作座可以锁定在五个位置中的任一位置,以便于操作和观察进行中的工作。 要改变操作座/控制台的位置,往后拉调节杆并继续拉住它。操作座/控制台旋转到五个位置之一时放开调节杆,这样操作座/控制台既锁定在所希望的位置

续上表

序号	名称	功能
20	紧急停车开关	在紧急时按动,用来停止压路机的所有操作。 将红色旋钮推进去,关掉发动机和所有的压路机功能;旋转红色旋钮到它"啪"的一声退出,开关既复位。
21	计时表	以小时数显示发动机的运行时间
22	制动器指示灯	当驻车制动器被制动并且起动开关在"运行"位置时,此指示灯亮。一旦制动器放开,指示灯应熄灭
23	喇叭按钮	用于提醒人们压路机来了或者它要改变方向
24	驻车制动器控制器	用于拉紧或放开驻车制动器。往外拉控制器拉紧制动器,推入则放开制动器。 在紧急情况下使用此控制器时,应先将驱动控制置于"停止"位置,再拉紧驻车制动器停下压路机
可 选 件		
25	工作照明灯开关	双位开关(ON/OFF),用于操纵装在操作围栏和液压油箱支架上的四个工作照明灯
26	信号灯开关	双位开关(ON/OFF),以操纵旋转信号灯。信号灯为操作机器增加了能见度和安全性
27	速度计/转速表	速度计:可用来测量压路机的地面速度(mile/h,km/h)。 转速表:以 r/min×100 标定,量程为 0~30。发动机低速空转时,对于所有型号均为950r/min。发动机高速空转时,对于 DD 90 型为 2420r/min,对于 DD90HF 型为 2457r/min,对于 DD110 型为 2457r/min。如果转速表显示不是这些读数,可能需要调整发动机的转速控制
28	速度计/VPM(每分钟振动数)表	速度计:可用来测量压路机的地面速度(mile/h,km/h)。 每分钟振动数(VPM)表:可用来测量和显示选定的钢轮每分钟振动数。钢轮的选择用三位拨动开关(图 5-25)进行。开关置于左边选择前钢轮,置于右边选择后钢轮,中间位置则去除表的一切输入
29	转向信号开关	三位置选择开关,转到右边或左边可使转向信号灯闪亮,指示压路机的转向
30	四通闪光装置	两位置选择开关,转到开(ON)位置使四通闪光装置信号灯闪光
31	液压油温度计	提供液压油温度的可见指示。 在正常工作时,温度计读数应为 180~200°F 和 82~93℃
32	限速器	位于驱动控制器上,用于防止压路机在前进或倒退时以高于所要求的速度作业。限速器可调整到不同位置以改变最大速度
33	声响报警(油压/冷却液温度)	报警系统,由一个油压开关、冷却液温度开关和一个报警器组成,报声提醒操作者发动机油压过低/发动机冷却液温度过高。 开关装在发动机上,报警器装在操作者座椅底下的右侧

(4)振幅调节盘的调整如图5-30所示。调节盘位于每个钢轮的左边,调节盘有8个位置(1~8)可调,通过重置偏心机构控制不同的振幅。每个钢轮都是独立控制的。

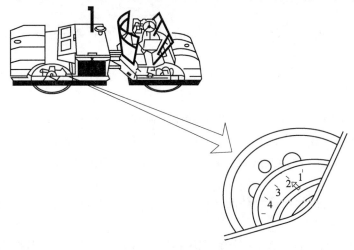

图5-30 振幅调节盘

调整时,必须确保在发动机关掉、压路机被楔住、铰接锁条锁住位置的情况下进行。调整方法:向外拉弹簧压紧的调节盘,使之解除闭锁;顺时针方向转动调节盘,增大钢轮振幅(动态力),逆时针方向转动,减小振幅。在调整到所需要的钢轮振幅后,放开调节盘,在弹簧力的作用下机构啮合。

调整时要根据密度测试结果和生产要求进行,表5-10给出了推荐的使用设定值。

振幅调节盘推荐的使用设定值　　　　　　　　　　　表5-10

	对热混沥青推荐各种振幅设定上层、中间层和底层,DD-90　DD-110			
填料层厚度	1.0~2.5in 25.4~63.5mm	2.5~4.0in 63.5~101.6mm	4.0~6.0in 101.6~152.4mm	4.0in +/- 101.6mm +/-
振幅设定	1,2,3	2,3,4	4,5,6,7	5,6,7,8
	对热混沥青推荐各种振幅设定上层、中间层和底层,DD-90HF/DD-110HF			
填料层厚度	1.0~2.0in 25.4~50.8mm	2.5~3.0in 50.8~76.2mm	3.0~4.0in 76.2~101.6mm	4.0in +/- 101.6mm +/-
振幅设定	1,2	2,3,4	4,5,6,7	不推荐

2.压路机安全操作注意事项

1)作业前的准备

(1)作业前,应将压路机维修好,检查各工作机构及紧固部件是否完好。

(2)起动发动机经试运转确认正常,且制动、转向等工作机构性能完好,压路机方可进行作业。

(3)轮胎式压路机轮胎气压调整到规定作业压力范围,全机各个轮胎气压应一致。

(4)用增加或者减少配重的方法,将压路机的作业线压力调整到规定数值。

(5)对松软的路基及傍山地段的初压,作业前须勘查施工现场,确认安全后压路机方可驶入作业。

2)作业中要求

(1)作业时,操作人员应始终注意压路机的行驶方向,并遵照施工人员规定的压实工艺进行碾压。

(2)作业时应注意各个仪表的读数,发现异常,必须查明原因并及时排除,严禁设备带病作业。

(3)作业时应将振动压路机的振幅及频率控制在规定的范围内。

(4)振动压路机在改变行驶方向、减速或停驶前应先停止振动。

(5)多台压路机联合作业时,应保持规定的队形及间隔距离,并应建立相应的联络信号。

(6)必须在规定的碾压段外转向,应平稳地改变运行方向,不允许压路机在惯性滚动的状态下变换方向。

(7)必须遵照规定的碾压速度进行碾压作业,在碾压过程中,不得随意改变碾压速度及方向,不得中途停机。

(8)碾压沥青路面时,驾驶人操作应轻柔平顺,不得使压路机产生冲击,以免影响路面碾压质量。

(9)作业时切忌将柴油、机油、液压油滴洒在沥青路面上。

(10)路面边缘、路肩或其他压路机不能压到的地段,应换用机动灵活的轻型振动压路机或其他小型压实机械(如平板振动夯等)进行补压,直至符合压实要求为止。

(11)三轮压路机在正常情况下禁止使用差速锁止装置,特别在转弯时严禁使用。

(12)压路机在坡道上行驶时禁止换挡,禁止脱挡滑行。

(13)严禁用牵引法拖动压路机,不允许用压路机牵引其他机具。

(14)不允许压路机长距离自行转移。

3)作业后的要求

(1)作业后压路机应停放在安全、平坦、坚实的场地。

(2)每班作业后,应清洗全机污物。沥青路面作业后,应用煤油擦洗碾压轮表面。

(3)按规定进行例保作业。

(三)操作步骤

压路机的基本操作内容及步骤见表5-11。

压路机的基本操作内容及步骤　　　　　　表5-11

项　目	操　作　步　骤
驾驶前的准备	(1)安全驾驶常识、设备使用说明书的学习; (2)周围环境检查和周围障碍物的清除; (3)机况检查:三油一水及电解液的高度位置和有无泄漏、各部连接有无松动等; (4)将铰接锁条放入收藏位置,调整好振幅调节盘; (5)起动发动机并使其进入正常运转状态 注意:起动发动机时,必须将驱动控制器和振动控制器置于关(OFF)位置,驻车制动器置于制动(ON)位置

续上表

项 目	操 作 步 骤
起步行驶	(1)加大油门使柴油机转速至规定转速(表5-9); (2)试转动转向盘,检查转向功能是否正常,检查喇叭按钮的动作,看喇叭是否响; (3)松开驻车制动器(手制动),同时驻车制动信号熄灭; (4)检查压路机前后两轮处及路面上是否有障碍物,然后根据所需行驶方向,向前或向后扳动驱动控制器,压路机起步行驶; (5)检查制动系统是否可靠; (6)行驶过程中要经常检查各仪表指示值是否正常(表5-9)
振动行驶	(1)机械静止时不能开启振动。轮子振动时切勿改变其振幅,只能在关掉振动开关且停车后,才能转动振幅选择器; (2)压路机在运动时,操作振动开关进行振动。即:先行驶,后起振,先停振,后停驶; (3)当需要改变压路机前后行进方向时,应先断开振动开关(有的机型能自动实现此过程)使振动停止,当方向改变后继续行驶时,再接通振动
制动和停车	(1)英格索兰双钢轮振动压路机设有静液压制动、紧急停车开关和驻车制动。正常情况下制动压路机应使用静液压制动装置,即将驱动控制器放在中间位置,静压制动使压路机减速而停止(靠液压马达制动); (2)在危急情况下制动压路机使用紧急停车开关。在制动过程中,要牢牢掌握转向盘,等压路机停稳后松开紧急制动; (3)当压路机停车后,特别是停在坡道上时必须拉紧驻车制动,对压路机实行制动的具体操作如下: ①操作振动开关停止振动; ②将驱动控制器定到中间位置,使压路机停止; ③按下油门使发动机在 800~1000r/min 的转速下运转几分钟; ④拉起停车拉钮,使发动机熄火; ⑤将电锁转至关闭位置,拔下起动钥匙,拉紧驻车制动
吊装	(1)在吊装压路机前,必须锁死铰接头以防在吊装时压路机转动; (2)将吊装铁链装在压路机的吊耳(四个)上,但要保证当通过吊链起吊时,压路机上所有零件将不被挤压; (3)钢丝绳或铁链等都必须符合规定; (4)吊装结束后,起动发动机前不要忘记把锁紧件松开

三、学习拓展

(一)压实机理过程

用压实机械对路基或路面结构层材料进行压实时,在压实机具的短时静荷载、振动荷载或冲击载荷的作用下,将产生几种不同的物理过程。

用有黏性的细粒土(不含或含有很少量砾石颗粒的土)填筑路堤时,土通常包括两部分,一部分是由单个土颗粒黏聚在一起形成的大小土团或土块;另一部分是单个土颗粒。在黏性大的土中,往往主要是大小不一的土块。单个土颗粒也有大有小。因此,在通常情况下对这种路基土进行碾压时,产生的物理现象有:

(1)使大小土块重新排列和互相靠近。

(2)使单个土颗粒重新排列和互相靠近。

(3)使土块内部的土颗粒重新排列和互相靠近。

(4)使小颗粒进入大颗粒的孔隙中。

多种路面结构层材料通常由各种不同粒径的单个颗粒组成的。在碾压过程中,主要发生的现象是颗粒重新排列、互相靠近和小颗粒进入大颗粒的孔隙中。

产生这些不同物理过程的结果是增加单位体积内固体颗粒的数量,减少孔隙率,这个过程称作压实。各种细粒土、天然沙砾土、红土沙砾、各种级配集料、填隙碎石以及无机结合料稳定土等路面材料,经过压实后,在单位体积内通常包括固体颗粒、水和空气三部分,常称为三相体。沥青混凝土实际上是三相体,只是以沥青代替了水。

在此三相体中,水和单个土颗粒是不可压缩的,空气只有在密闭容器内才是可压缩的,它在土体内也是不可压缩的。因此,要使单位体积内的固体颗粒增加,只有采取措施使土体内的空气和水排出。用机械碾压就是施工现场所采用的主要措施。

对于黏性细粒土的压实,仅是从孔隙中将空气挤出来,而不是将水挤出来。因为,一般碾压机械的短时荷载或振动荷载是不能将黏性土中的水挤出来的。碾压得越密实,单位体积内的固体颗粒越多,空气越少。这些三相体的压实过程可以一直进行到几乎土中的全部空气被排挤出。因此,在某一含水率时,土的理论最大密实度就是土中空气等于零,土接近于两相体。但实际上不可能通过压实完全消除土中的空气。

在砂的碾压过程中,砂颗粒组成的均匀程度对所能达到的密实度起着很大作用。由相同粒径颗粒组成的均匀砂的密实度与互相接触的砂粒的排列位置有关。

对粗粒料进行压实,其物理过程更为明显。当石块带有棱角时,压实前,其棱角相互支撑,空隙较大[图 5-31a)]。压实时,由于产生交变应力,一些棱角将被碾碎嵌入空隙内,使其密实度增加。如果是砂粒土,其粒径相同且呈球状,当处于最松排列时,每一颗砂粒与相邻颗粒有 6 个空间接触点,此时有 48% 的空隙[图 5-31b)]。排列最紧密时,其相邻空间接触点将增加一倍,空隙则降至 26%[图 5-31d)]。

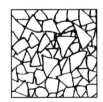
a)石块棱角相互支撑

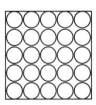
b)相同粒径颗粒6个接触点排列示意图

c)相同粒径颗粒8个接触点排列示意图

d)相同粒径颗粒有12个接触点排列示意图

图 5-31　土壤颗粒排列对空隙的影响

选用级配良好的砂质黏土,压实时,其细颗粒容易填充到粗颗粒的孔隙中,其密实度增长速度较快,土体内的空气和多余水分也容易有效排除。

(二)影响压实效果的因素

1. 影响压实效果的因素(表5-12)

影响压实效果因素表 表5-12

影响因素	影 响 原 因
被压材料及其级配情况对压实度的影响	(1)粗粒料易于压实,而且有足够的稳定性。粉砂的压实性能差些,但比黏土要好,只是水稳定性较差。最难于压实的土壤是黏土,它有高的黏聚性和不透水性。含有大量有机物的腐殖土,弹性很强,无法压实,不宜作为工程建筑材料使用。 (2)集料的级配对碾压后所能达到的密实度有着明显的影响。为了提高工程结构物基础和路面结构层的强度和减少空隙率,增加其在使用过程中的稳定性,则要求材料具有好的级配。特别是对用作基础层的集料,常规定有严格的级配范围。 (3)另外,对路面各结构层的集料成分要求有足够的强度和硬度,以使能够抵抗碾压施工和行车荷载的破坏,要防止集料中的粗集料被细化而导致路面变形
含水率对压实过程的影响	(1)土壤的含水率小时,土颗粒间的内摩擦阻力就大。当压实到一定程度后,压实功便不能继续克服土壤的变形抗力,压实所得的密实度也是有限的。若增加含水率时,由于水在颗粒间起到的润滑作用而使土壤的内摩擦阻力下降,因此用同样的压实功可得到较大的密实度。当含水率增加到超过某一界限后,虽然土壤的内摩擦阻力还会下降,但土壤中水的体积却在增加。由于水的不可压缩性,致使土壤的密实度反而下降了。 (2)各种土壤的最佳含水率和最大干密度可参见表5-13
压实能量及施力方法对压实度的影响	(1)通过击实试验证明,对于某一种土壤或路面材料,其最佳含水率和最大干密度也不是固定不变的。增加锤击次数能够使土壤的最佳含水率下降,而最大干密度增加。增大击锤质量,其压实能量大,所得的密实度要比标准击实法高,对于粒状料约高5%,黏性土壤约高10%,有时会更多,最佳含水率,重型击比标准击实一般要低3%~8%(高等级公路,目前常采用重型标准击实法来测定土的最佳含水率和最大密实度)。 (2)在工地用压路机碾压时,能得出与击实试验相同的规律。随着压实功的加大(增加压路机质量或压实遍数),铺层材料的最佳含水率降低,最大干密度提高。 (3)采用静力压实时,土体密实度增长到一定程度后,将不再发生明显的变化。这是因为土体压实到一定程度,即达到一定的压实效果后,无法将压力波向深层继续延伸传递。只有选用振动压路机进行振动压实时,由于激振器高频振动能量的作用,所产生的振动压力波具有地震波的传播特性,可有效提高压实深度

2. 各种土壤的最佳含水率和最大干密度(表5-13)

各种土壤的最佳含水率和最大干密度 表5-13

土壤类别	最佳含水率(%)	最大干密度(g/cm³)	土壤类别	最佳含水率(%)	最大干密度(g/cm³)
砂土	8~12	1.80~1.88	亚黏土	12~15	1.85~1.95
亚砂土	9~15	1.85~2.08	重亚黏土	16~20	1.67~1.79
粉土	16~22	1.61~1.80	黏土	19~23	1.58~1.70
粉质亚黏土	18~21	1.65~1.74			

3. 压实能量及施力方法对压实度的影响

通过击实试验证明,对于某一种土壤或路面材料,其最佳含水率和最大干密度也不是固定不变的。增加锤击次数能够使土壤的最佳含水率下降,而最大干密度增加。增大击锤质量,其压实能量大,所得的密实度要比标准击实法高,对于粒状料约高5%,黏性土壤约高10%,有时会更多,最佳含水率,重型击实比标准击实一般要低3%~8%(高等级公路,目前常采用重型标准击实法来测定土的最佳含水率和最大密实度)。

在工地用压路机碾压时,能得出与击实试验相同的规律。随着压实功的加大(增加压路机质量或压实遍数),铺层材料的最佳含水率降低,最大干密度提高。

采用静力压实时,土体密实度增长到一定程度后,将不再发生明显的变化。这是因为土体压实到一定程度,即达到一定的压实效果后,其铺层已形成一层硬化层,该硬化层将深层隔离,无法将压力波向深层继续延伸传递。只有选用振动压路机进行振动压实时,由于激振器高频振动能量的作用,所产生的振动压力波具有地震波的传播特性,可大大削弱硬化层对深层传播的阻力,有效提高压实深度。

(三)压实机械的选择原则

根据工程施工的具体情况和需要,以及对工程施工质量的要求,正确选择压路机的类型、型号、规格及压实作业参数,是保证压实质量和压实效率的重要前提条件。

压路机的合理选型首先要根据筑路机械的配套情况,机械化施工程度的高低进行选用。压路机的主要技术性能参数充分体现了压路机的特性和功能,对压实效果有决定性的影响。压路机的运输条件、路基与路面工程施工配套机械状况、压实作业项目的性质、土质和被压材料特性等,都是影响压实质量和压实效率的具体因素,在选择压路机的种类、型号、规格和数量时应充分考虑到。

为了充分发挥机械化施工的优势,通常对机械化施工程度高的工程,应选择压实功能强、作业效率高的压路机。反之,则可选用与之相应功能且比较经济的压路机,以充分利用压路机的压实功能。因此,在选用压路机时,必须在分析、核算工程量,考虑施工进度、工程质量和施工组织形式的基础上,进一步考虑压路机与推土机、铲运机、平地机、混凝土拌和机、混凝土摊铺机等配套施工机械生产率之间的协调问题。

现代压路机的结构形式、规格、技术性能参数及其压实功能有较大的选择余地,施工单位必须按照适用和经济的原则,合理选购或选用符合施工要求的压实设备。

压路机的选型应考虑以下一些因素,这些因素也是压路机合理选型的依据。

1. 土壤和被压材料的特性

工程材料及其含水率不同,其孔隙率大小与力学特性也不同。选用不同类型和规格的压路机,其压实效果也会大不相同。

经验证明,不同土质的被压材料,选用合理的压路机机种可获得理想的压实效果。依据土壤和被压材料的特性选用压路机时可参考表5-14。

压路机选用参数表　　　　　　　　　表5-14

压路机种类	土壤或材料类型					
	黏土	砂土	砾石	混合土	碎石	块石
静光轮压路机	-	1	+	+	1	-
轮胎压路机	1	1	+	+	-	-
振动压路机	1	-	+	+	+	+
羊角(凸块)轮压路机	+	-	1	1	-	-

注:压实效果理想(+);压实效果一般(1);压实效果不理想(-)。

被压材料不同,其压实特性也不同,必须选用合适的压路机才能获得理想的压实效果。被压材料的种类及成分也是选择振动压路机最佳振动频率和振幅的主要因素。

砂土和粉土,黏结性较差,水易侵入,不易被压实。此类土必须掺入黏土或其他材料进行改良处理,并选用压实功率大的静压式压路机压实。此类改良土壤铺筑路基,不宜采用振动压路机和凸块式碾滚进行碾压。

对于黏土,由于黏结性能好,内摩擦阻力大,含水率较大,压实时需要提供较大的作用力和较长的有效作用时间,以利排除空气和多余水分,增大密实度。一般选用凸块压路机和轮胎式压路机压实黏性土铺筑的路基,可获得较好的压实效果。如果铺层较薄,则可选用超重型静压式光轮压路机,以较低的速度碾压,效果更佳。黏性土路基一般不采用振动压实,因为振动压路机易使土中水分析出,形成"弹簧"土,难以彻底压实。

介于砂土和黏土之间的各种砂土性土、混合土有较好的压实特性,采用各种压路机进行压实均能获得理想的压实效果。选用振动压路机压实这类混合土则具有更强的压实功能和更高的作业效率。

对于碎石、砾石级配的铺筑层,选用振动压路机碾压,可使石料和粒料之间更好地嵌紧,形成稳定性较好的整体。

对于沥青混合料,由于沥青有一定的润滑作用,且铺筑层一般较薄,可选用中、重型静力压路机,也可选用振动压路机压实,以便大小颗粒掺和均匀,提高压实质量。为了提高沥青路面的平整度,应选用光面碾滚压路机碾压。

在选用压路机时,还应考虑被压材料的抗压强度。终压时,如果被压材料所承受的压力为抗压强度的 80%~90%,则可获得最佳压实效果。如果终压时接触应力大于被压材料的抗压强度极限时,上层将出现松散现象,集料将进一步被压碎,铺筑层的级配反而被破坏。如果受机型的限制,压路机的单位压力过大或过小时,则应合理控制碾压遍数,以免影响压实效果。

对于匀质砂土,则选用轮胎式压路机较好,因轮胎在碾压过程中可与土壤同时变形,压实力作用时间长,接触面大,糅合性好,密实度均匀。

各种类型的压实机械所适应的各类被压材料如图 5-32 所示。

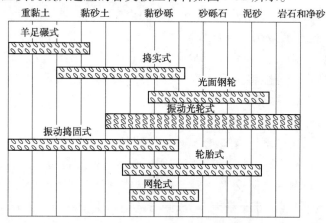

图 5-32 各类型压实机械压实各种材料的适用范围

按照土质的特性选用各类压实机械也可参照表5-15。

按照土质种类选择压实机械表　　　　表5-15

地质种类＼压实机械	静作用压路机	轮胎压路机	大型振动压路机	牵引式凸块压路机	推土机 普通型	推土机 湿地型	小型振动压路机	振动平板夯	备注
岩块等,经过挖掘,压实也不容易成细粒化的岩石			○					▲	硬岩
风化岩、泥岩,已成为细粒化,但很紧密的岩等		◎	○	◎				▲	软岩
单粒度砂、碎石、沙丘的砂等			◎				▲	▲	砂及含砾石砂
含适当量的细粒粉而粒度良好的容易密实的土,细砂,碎石		○	◎				▲	▲	沙质土及含砾石砂质土
细粒多但灵敏性低、含水量低的罗姆土,容易坍的泥岩等		◎		○				▲	黏性土及含砾石黏性土
含水量调节困难,不容易用来作交通的土,细沙质土等					●				含水分过剩的沙质土
高含水量的罗姆土;灵敏性高的土;黏土;黏性土				○	●	●		▲	灵敏的黏性土
黏度分布好的土	◎	◎	○				○	▲	颗粒材料
单粒度的砂及黏度差混有碎石的砂		◎	◎	○				▲	砂及混有碎石的砂
沙质土		◎	◎	◎			○	▲	细料
黏性土			◎	◎	◎		◎	▲	细料

注:○表示有效的;◎表示可以使用;●表示因行车困难,不得已而使用;▲表示因施工规模所限而选用。

被压材料的含水量是影响压路机压实效果的重要因素。被压层只有在最佳含水率状态下,才能得到最佳压实效果。若含水率过大,压实到一定程度时,水分将聚集在土体固体颗粒之间的空隙内,吸收和消耗大部分碾压能,衰减了碾压作用力的传递。即使增加压实质量和碾压遍数也不可能将土壤压实,反而会使被压层出现反弹现象,成为压实的顽症;若含水率过小,土颗粒之间的润滑作用减小,其内摩擦阻力将随之增大,可选用重型压路机进行压实,或适当增加碾压遍数。

含水率过高可采用翻晒等措施,使其含水率降低,达到压实规范的要求。一般当实际含水率比最佳含水率高2%～3%,就不宜选用振动压路机进行压实。

当土壤或被压材料的实际含水率低于最佳含水率3%以上时,应在施工现场进行洒水,以补充水分。如果现场难于补充水分,则可选用超重型静压式压路机,或选用重型压路机进行压实,并适当增加碾压遍数。

对岩石填方的压实,应选用大吨位压路机进行碾压,以使大型块料产生位移,并使中小型石料嵌紧在其间。

2. 压实作业项目内容与机械化施工程度

压实作业项目不同,选用的压路机的种类和规格也应不同。

一般来说,路基和底基层压实多选用压实功率大的重型和超重型静压式压路机、振动压路机和凸块式压路机。这类重型压实设备的压实效果好,能有效排除铺层中的空气和多余的水分,将被压层的固体颗粒嵌合楔紧,形成坚固稳定的整体,为上层打下高强度的基础。

进行路面压实作业时,多选用中型静压式或振动压路机,也可选用轮胎式压路机。这类中型压实设备既可获得表层的高密实度,又可达到路面平整度的要求。

路肩、桥涵的填方、人行道、园林道路的压实作业和小面积路面修补,则可选用轻型、小型振动压路机或夯实机械,以防路缘崩塌,毁坏构筑物。

振动压路机也可对干硬性水泥混凝土进行有效压实。

按作业项目内容选用压路机,可参照表5-16所推荐的范围进行选用。

按作业内容选定压实机械参考表 表5-16

作业内容	使用机械	摘 要
道路填土,江河筑堤,填筑堤坝等的压实	轮胎压路机凸块压路机轮胎驱动振动压路机	适用于大面积而较厚的填土层的压实。振动压路机在砂质成分多的地方使用效果特别好,凸块压路机适用于黏性土质多的地方
填土坡面的压实	夯实机,振捣棒,拖式振动压路机,专用斜坡压路机	沿着坡面进行压实时使用。规模小的时候使用夯实机或振捣棒等,规模大的时候用拖式振动压路机
桥、涵里的填侧沟等基础的压实	夯实机,振捣棒	在面积受到限制的地方用来压实
沥青路表层的压实	静碾两轮压路机,轮胎压路机,双钢轮振动压路机	大规模铺路工程,先用轮胎压路机进行粗压,然后用光轮压路机进行碾压,最后用轮胎压路机封层。简易铺路等小规模作业时,只用振动压路机来进行碾压
道路基层与稳定土	振动压路机,三轮压路机,轮胎压路机	大型铺路工程应使用振动压路机和轮胎压路机联合作业,小型工程可用静碾三轮压路机分层压实
港口、码头及深层填方	拖式振动压路机,冲击式压路机	填土层深,含水率大,有开阔的作业面积,用履带式牵引车配合施工
人行道,园林小道,边角及小面积修补	冲击夯,振动平板夯,小型振动压路机	小规模压实作业

工程项目的机械化施工程度也是压路机选型应考虑的因素。通常,机械化程度高的施工项目,机械化配套的程度高,施工效率也高,工程进度快,则应选用压实能力强、作业效率高的压路机;而机械化程度较低的施工项目,则可选用经济型的压路机,高性能的压路机在此类工程中难以充分发挥其压实功能;对小型压实作业项目,一般选用静力式光面钢轮压路机进行压实。

3. 压实作业参数与压实生产率

为了提高压实质量,获得最佳压实效果和最佳作业效率,除了根据上述原则选定压路机外,还应根据施工组织形式、对工程质量和技术要求以及作业内容、压路机的性能,正确选择和确定压路机的压实作业参数。

这些压实作业参数包括压路机的单位线压力、平均接地比压、碾压速度、碾压遍数、压实厚度、轮胎式压路机的轮胎气压和振动压路机的振频、振幅和激振力等。这些压实作业参数应在作业前预先确定好。下面介绍几种主要压实作业参数的选择原则和应考虑的一些因素。

1)应满足工程质量和生产率的要求

路基和路面施工对密实度、密实度的均匀性、路面的平整度、抗弯强度、排水性能都有一定的要求。选用轮胎式压路机可提高密实度的均匀性;选用重型和超重型压路机(包括振动压路机)可获得高密度,提高路基的强度;要提高路面的平整度,还必须选用全轮驱动的压路机进行碾压,这样可以消除由于从动轮向前挤压路面而形成的微型波浪。

压路机的生产率是指每小时所完成的土石填方压实的体积。压路机的生产率应与其相关设备的生产率相适应。

体积生产率通常适合对路堤、基层和底基层的压实生产率的计算。影响体积生产率的主要因素有碾碰宽度、碾压速度、碾压遍数和铺层厚度等。

沥青路面的压实生产率通常按面积生产率进行计算。影响面积生产率的主要因素有碾碰的宽度、碾压速度和碾压遍数等。

计算压实生产率时应考虑压路机的连续碾压能力,同时应考虑纵向和横向碾压的重叠度,以及铺层接头引起压实作业效率的降低等因素。

为了加快施工进度,缩短工期,可以考虑适当提高压路机的吨位,选用大吨位压路机进行碾压,以减少碾压遍数,或适当增加铺层厚度,提高压实生产率。

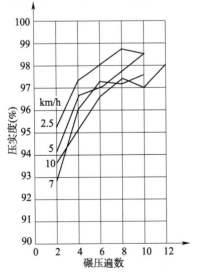

图 5-33 沥青路面碾压速度与压实度、碾压遍数的关系

2)碾压速度

碾压速度取决于土壤和被压材料的压实特性、压路机的压实性能与功能、对工程质量的要求以及压层的厚度和作业效率等。例如,黏性土变形滞后现象明显,故碾压速度不宜过高。对新铺层的压实,由于初压铺层变形量大,压路机的滚动阻力亦大,碾压速度低则有利于碾压作用力向深处传递。碾压速度高,虽然作业效率高,在一般情况下往往会降低压实质量;碾压速度低,压实厚度增大,压实质量提高,但作业效率低。

研究资料表明,对沥青混合料进行振动压实,在一定的碾压速度范围内,振动压路机的作业速度对混合料的压实度影响甚微。图 5-33 所示为沥青混合料应用振动压路机进行碾压时,选用不同的作业速度得到的压实度与碾压遍数的关系曲线。试验被压层为 5cm 厚的沥青混合料,压路机为 6t 双轮振动压路机。当碾压速度从 2.5km/h 增至 10km/h 后,压实度减小 2% 左右,但压实效率则大大提高。当然,如果压实度尚未达到工程质量的要求时,还是应降低碾压速度或者增加碾压遍数,以达到提高压实度的目的。

通常,压路机进行初压作业时,可按下面推荐的作业速度范围进行碾压:
(1)静压式光轮压路机:1.5～2km/h。
(2)轮胎式压路机:2.5～3km/h。
(3)振动压路机:3～4km/h。

随着碾压遍数增加,密实度提高,在进行复压和终压时,压路机的碾压速度应适当提高。通常,静压式光轮压路机的碾压速度可增加到 2～4km/h;轮胎式压路机可增至 3～5km/h;而振动压路机的碾压速度则可增加到 3～6km/h。

总之,压路机的碾压速度既不能过高,也不宜过低。碾压速度过高,会降低压实质量;碾压速度过低会降低生产效率,增加施工成本。通过反复试验,不断总结经验,即可确定最佳碾压速度。

3)碾压遍数

所谓碾压遍数,是指压路机依次将铺筑层全宽压完一遍(相邻碾压轮迹应重叠 0.2～0.3m),在同一地点碾压的往返次数。

碾压遍数的确定应以达到规定的压实度为准。一般情况,压实路基和路面基层,碾压遍数为 6～8 遍;压实石料铺筑层为 6～10 遍;压实沥青混合料路面为 8～12 遍。如采用振动压机进行碾压。碾压遍数则可相应减少。

为了使被压材料获得最佳的压实度,碾压遍数通常由式(5-1)计算确定:

$$n = \frac{\varepsilon}{\varepsilon_1 \psi} \tag{5-1}$$

式中:ε——从初始压实度提高到最佳压实度所需的相对变形(即绝对变形与厚度之比);

ε_1——第一次碾压时的不可逆相对变形;

ψ——由重复碾压引起的不可逆相对变形的影响系数,见表 5-17。

不可逆变形影响系数 ψ、当量变形模量 E' 和比例系数 a 值　　表 5-17

土的状态	变形前的土特性		系数 ψ	E' (MPa)	a
	变形模量 E (MPa)	土的压实度之比 δ/δ_{max}			
完全松散的土	0.5～1	0.62	1.20	3	0.90
很松散的土	1～2	0.75	1.25	5	0.80
松散土	2～4	0.80	1.30	6.5	0.75
未充分压实的土	4～8	0.85	1.40	8.5	0.60
压实的土	8～10	0.90	1.50	12	0.50

式(5-1)中的相对变形 ε 和 ε_1 值分别由式(5-2)和式(5-3)计算求出:

$$\varepsilon = 1 - \frac{\delta_H}{\delta_0} \tag{5-2}$$

$$\varepsilon_1 = \frac{20aq}{E'HR^{0.5}} \tag{5-3}$$

式中：δ_H——压实前的土密度；

δ_0——压实要求达到的土密度；

E'——土层的当量变形模量，查表5-17；

a——考虑不可逆变形在总变形中所占的比例系数，查表5-17；

H——松土铺层厚度，$H = H_0/(1-\varepsilon)$，其中 H_0 为压实土层厚度，mm；

q——单位线压力，N/cm；

R——压轮半径，cm。

轮胎压路机的碾压遍数不仅与土质有关，还与轮胎的气压有关。根据统计规律，轮胎压路机的碾压遍数可参照表5-18确定。

各种土壤的压实遍数和轮胎气压   表5-18

参数 \ 土质	砂土	亚砂土	黏土
轮胎气压(MPa)	0.2	0.3 ~ 0.4	0.5 ~ 0.6
压实遍数	4 ~ 6	6 ~ 8	10 ~ 12

智能型压路机则可通过机载压实度检测仪进行随机检测，并将数据输入微机，确定还需要碾压的遍数。必要时，可将各项检测数据随时打印出来，供操作手和施工技术人员参考。

4）压实厚度

压实厚度是指铺筑层压实后的实际厚度。压实厚度是靠铺筑层松铺厚度来保证的，其厚度关系为：松铺厚度 = 松铺系数 × 压实厚度。其中松铺系数为压实干密度与松铺干密度的比值，该值需通过试验方法确定。根据土壤特性和施工作业方式，土壤的松铺系数一般为1.3 ~ 1.6。

压实厚度的确定与压路机的压实能力和作用力的影响深度有关。由压路机作用力的最佳作用深度决定的各种类型压路机适宜的压实厚度，见表5-19。

几种类型压路机适宜的压实厚度   表5-19

压路机类型	适宜的压实厚度(cm)	碾压遍数	适应土壤种类
8 ~ 10t 静光轮压路机	15 ~ 20	8 ~ 12	非黏性土
12 ~ 15t、18 ~ 21t 静光轮压路机	20 ~ 25	6 ~ 8	非黏性土
9 ~ 16t、18 ~ 21t 轮胎压路机	20 ~ 30	6 ~ 8	亚黏土 非黏性土
30 ~ 50t 拖式轮胎压路机	30 ~ 50	4 ~ 8	各类土壤
2 ~ 6t 拖式羊足碾压轮	20 ~ 30	6 ~ 10	黏性土
14t 拖式振动压路机	100 ~ 120	6 ~ 8	沙砾土、碎石
10t 振动压路机	50 ~ 100	4 ~ 6	非黏性土

5）振频和振幅

振动压路机的最佳压实效果主要依赖于振动轮产生的振动波迫使土壤产生共振，此时,土颗粒处于高频振动状态,被称为土壤的"液化现象"。土壤处于"液化"状态,土颗粒将向低位能方向流动,从而为压实创造了最有利的条件。

振频和振幅是振动压路机压实作业的重要性能参数。振动轮在单位时间内振动的次数称为振动压路机的振频。振幅是激振时振动轮跳离地面的高度。振频高,被压层的表面平整度较好;振幅越大,激振力就越大,压力波传播的深度也越大。振动压实时,振频和振幅必须合理组合协调工作,才能获得最佳的压实效果。

实践证明:压实厚铺层路基,选择低振频(25~30Hz)和高振幅(1.5~2mm),可获得较大的激振力和压实作用深度,提高作业效率。对薄铺层路面进行振动碾压,则应选择高振频(33~50Hz)和低振幅(0.4~0.8mm)组合,这样可以提高单位长度上的冲击次数,提高压实质量。碾压沥青路面时,若铺层厚度小于60mm,采用2~6t的中小型振动压路机,其振幅控制在0.35~0.6mm范围内效果更佳。这样可以避免混合料出现堆料、起波、粉碎骨料等现象。如果沥青混合料铺层的压实厚度超过100mm,则应选用高振幅(1.0mm)压实。为了防止沥青混合料过冷,错过最佳压实时间,应在摊铺作业后紧随进行碾压。

通常,在单位线压力相同的情况下,如果碾压轮的直径小,则单位作用压力大,压实功能就高;而碾压轮直径大,则不容易使压实表层产生波浪和裂纹。同吨级的压路机,三轮压路机的单位线压力比两轮压路机要大,压实功能也稍高一些。在其他条件相同的情况下,采用全轮驱动的压路机进行碾压,由于驱动轮前的被压材料在驱动力矩作用下被不断楔紧在碾压轮下方,因而有效地增大了压实作用力,进一步提高了压实质量。

在公路等建设工程施工前,正确选择压实机械对于保证工程压实质量和工程进度是极为重要的。压实机械选择主要考虑的因素:被压材料的种类、性质、颗粒组成、含水率和施工试验所确定的铺层厚度,还有工程量、工期、施工条件、要求的压实度和各种压实机械的技术性能等。

四、评价与反馈

1. 自我评价

(1)通过本学习任务的学习你是否已经知道以下问题:

①常见压路机的仪表和操作装置各有什么功能:_____

_____。

②如何进行路基的压实作业:_____

_____。

③如何进行基层材料的压实:_____

_____。

④如何进行沥青路面的压实作业:_____

_____。

(2)在沥青混凝土路面的压实中,如何处理以下几种情况:_____

①纵接缝。_____

_____。

②横接缝。_____
_____。

③弯道及交叉路口。_____
_____。

④微小裂纹和波纹。_____
_____。

(3)分析影响压路机生产率的因素：_____
_____。

　　　　　　　　　签名：_____　　____年___月___日

2. 小组评价（表5-20）

小 组 评 价 表　　　　　　　　表5-20

序　号	评 价 项 目	评 价 情 况
1	相关理论知识学习是否认真	
2	操作的动作、姿势是否正确	
3	自学能力	
4	动手能力	
5	动作的准确性	
6	动作的连贯性	
7	维修车辆的积极性	
8	团结协作情况	

　　　　　参与评价的同学签名：_____　　____年___月___日

3. 教师评价

_____
_____。

　　　　　　　教师签名：_____　　____年___月___日

五、技能考核标准

压路机驾驶操作

(一)考前准备

(1)成立考评小组。

(2)振动压路机一台,桩座及桩杆11套,线绳,皮尺,钢卷尺等。

(3)主考教师对压路机技术状况进行校核,对场地进行测校,确保考核顺利进行。

(二)考试内容

1. 考试场地(图5-34)

(1)车库:长×宽=1.5倍车长×(车宽+60cm)。

(2)路宽:为车宽+60cm。

(3)BC:2.5倍车长+50cm。

(4) CD:2 倍车长 + 库宽。
(5) DE(HM):碾压路线段,长为 40m。
(6) EF(GH):变换路线段,长为 2.5 倍车长。
(7) DM:为始端;EH:为终端。

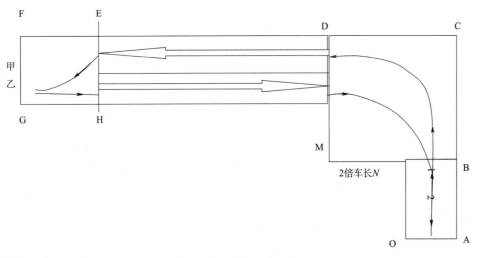

图 5-34 压路机驾驶考核场地

2. 操作要求

(1) 操作:由车库驶出,从始端进入路面甲,前进至终端,变换路线,倒车进入路面乙至始端,倒入库内停止。

(2) 要求:操作规范正确,起步平稳,匀速运行,不撞杆,不压线,在碾压路线段内轮迹要正、直,除换向外,中途不得停车熄火,变换路线段换向,要求在 H 桩前调整,进入 H 桩后要求直线倒车,出始端后倒入库内停正,时间不超过 5min。

(三) 评分标准(表 5-21)

操作技能考核评分记录表　　　　　　　　表 5-21

序号	作业项目	操作内容	配分	考核内容及评分标准	扣分	得分
1	操作前准备	上车前后车辆技术状况的检查、车身周围环境的检查、正确起动发动机、起动后各仪表的检查	5	(1) 上车前不查视外部扣 5 分; (2) 不对车身周围环境作必要检查扣 5 分; (3) 每漏检一处扣 1 分		
			5	(1) 上车后不按规定起动发动机扣 5 分; (2) 不检查各仪表是否正常,扣 5 分		
2	基本驾驶技术	油门的控制、运用正确挡位起步、起步前鸣笛、驾驶的熟练程度	10	(1) 由停车位置驶出起步不鸣笛扣 5 分; (2) 起步不平稳或挡位运用不当者每次扣 3 分		
			15	(1) 车辆碾压考核场地边界线,每处扣 5 分; (2) 碰倒桩杆扣 10 分		

续上表

序号	作业项目	操作内容	配分	考核内容及评分标准	扣分	得分
3	碾压作业	按照考核要求对碾压区域进行碾压	35	(1)行驶轮迹每偏10cm扣2分； (2)曲线行驶(即画龙)： 车碾压路线1/2前画龙扣10分； 车碾压路线1/2后画龙扣15分； 整个碾压路线画龙扣20分 (注：曲线顶点距边线小于20cm为画龙，不再扣偏离分)		
4	换向	按照碾压要求正确换向	10	(1)换向前调车者扣10分； (2)原地转向每次扣3分		
5	停车	碾压完毕后，停机入库	10	(1)入库车身摆放前后左右每偏10cm扣2分；摆放不正扣6分； (2)不能正确熄火发动机，扣5分		
6	安全文明生产	安全文明操作	5	野蛮操作每处扣2分		
7	计时	熟练程度、操作技巧	5	每超时1min扣1分(不足1min时，按1min计)，超时5min，考核结束 (计时时段：从车辆起步前鸣笛开始，到驾驶人下车后报告"操作完毕"终止)		
8	否定项	基本素质、基本技能、安全生产		(1)中途熄火(因机械故障引起的中途熄火除外)； (2)不按规定路线行驶； (3)驶出场外(全车有1/3部分出安全区)； (4)违反安全操作规程，发生事故或造成设备损失		
	合　　计		100			
考核员签字			操作用时		考核日期	年　月　日

注：每个作业项目的配分扣完后，不再扣分。

项目三 路面施工机械

学习任务6 沥青洒布机的技术使用

 知识目标

1. 熟悉沥青洒布机的分类、特点及适用范围；
2. 了解沥青洒布机的结构及工作过程；
3. 掌握沥青洒布机的技术参数确定方法。

 技能目标

1. 掌握智能沥青洒布机的施工技术；
2. 能按照施工工艺要求驾驶沥青洒布车施工作业。

 建议课时

6课时。

 任务描述

实习指导老师带领同学们到公路施工现场参观学习，一名同学指着正在进行沥青洒布作业的机器问老师："老师，这是什么施工机械，它正在进行什么施工作业？"实习指导老师回答："这是沥青洒布机，它正在进行沥青洒布作业。"同学们，我们今天的任务就是学习沥青洒布机的功能、结构及基本施工作业方法。

一、理论知识准备

（一）沥青洒布机的分类、特点及适用范围

1. 功用

沥青洒布机是一种黑色路面机械，它是道路、机场和港口码头建设的主要设备之一。当用贯入法和表面处理法修筑、修补沥青路面时，沥青洒布机可以用来完成液态沥青（包括热沥青、乳化沥青)储存、转运和洒布工作。尤其是大容量的沥青洒布,还可以作为沥青和乳化沥青的运载工具。

2.国内外沥青洒布机发展现状

沥青洒布机在国外已成系列产品,大型洒布机的沥青储料箱容量在12000L以上,洒布宽度在6.2m以上,可喷洒200℃高温的改性沥青。洒布机动力多采用液压驱动;控制上采用微电子技术,洒布宽度、单位面积沥青洒布量通过键盘输入计算机,洒布机将提示参考车速并自动进行喷洒作业。沥青泵转速、车速信号通过光电或雷达测速系统自动检测,用于自动控制和计算其他洒布参数。洒布作业完成后,计算机可自动打印出作业日期、喷洒量、喷洒路面长度等信息数据。沥青泵的结构形式在不断地发展,为了更加适应黏稠沥青的泵送,国内外生产厂家特别制作了高黏度沥青泵,或根据泵送介质的黏度选择泵的型号和转速适用范围。

我国从20世纪60年代起开始研制沥青洒布机,经50多年的不断改进与发展,目前已形成不同型号多种规格的沥青洒布机。但其操纵性能、关键部件的使用寿命等与国外产品还有一定的差距,高性能的洒布系统及计算机控制操纵系统还有待于完善或开发。

近年来,国内沥青洒布机有了新的技术发展,开发了新一代智能型沥青洒布机,实现了洒布全过程由计算机实时控制,可洒布改性沥青、热沥青、乳化沥青等,单位面积洒布量不受车速影响。能三重叠喷洒,布料均匀,实现了全自动导热油加热,沥青泵喷嘴免柴油清洗,模块化控制设计并设有备用控制系统,应用了当代先进技术,创造了国内优秀品牌。

3.沥青洒布机的类型与适用范围

沥青洒布机的类型与适用范围可参见表6-1。

沥青洒布机的类型与适用范围　　　　表6-1

功用 \ 分类	小型	中型	大型
沥青储量(L)	$V<2000$	$2000<V<6000$	$V>6000$
移动形式	手推式	拖运式	自行式
工作原理	人工手摇沥青泵或手压活塞泵	小型柴油机驱动沥青泵	泵压喷洒或气压喷洒
结构特点	洒布管为手提式,储料箱较小,洒布机结构简单,劳动强度大,工作效率低	动力为小型柴油机,生产效率较小型高	洒布量可以调节,洒布质量好,工作效率高,机动性好
适用范围	老路修补	路面养护和小面积的洒布作业	路面施工及大修工程

(二)沥青洒布机的施工技术

在实际施工中合理确定技术参数十分重要,现作一简要介绍。

根据泵的生产率、洒布宽度及洒布量确定出洒布车的行进速度,见表6-2。也可由式(6-1)计算出洒布车的作业速度。

沥青洒布机工作速度 表6-2

洒布量 (L/m²)	泵生产率(L/min)					
	1090	870	651	560	447	337
	洒布宽度为2.5m时的洒布车行驶速度(m/min)					
1.5	290	232	471	150	126	90
2	218	174	133	112	89	68
2.5	174	139	106	90	70	56
7	62	50	38	32	26	19

$$v = \frac{Q_L}{q \cdot B} \tag{6-1}$$

式中：v——沥青洒布车工作速度，m/min；

Q_L——沥青泵生产率，L/min；

B——沥青洒布宽度，m；

q——每平方米面积洒布量，L/m²。

对于老式洒布车，因车速与泵速两者相应的增减关系调整配合比较困难，尤其是泵的运转和汽车本身采用同一台发动机的更是如此。为保证喷洒质量应先定出沥青泵在某转速下的流量值，然后再调整相应的车速，并力求其稳定行驶。若洒布车配有第五车轮测速仪和沥青泵转速表，则可通过仪表随时了解车速与泵速的变化，及时分别调整分驱动泵和整机工作的发动机节流阀，使车速及泵速得以协调。工作中测试仪的第五车轮若粘有沥青或磨损超限，应及时清除或更换，以免引起测试的误差。

如果已知沥青洒布宽度 B 和每平方米面积洒布量 q（现场需要），用人工确定撒布车速 v 和沥青泵生产率 Q_L，可有两种思路：

(1) 先 Q_L 后 v，其原则是 q 大时应选大的沥青泵生产率 Q_L；q 小时应选小的沥青泵生产率 Q_L，以便好利用有效车速。如果选用不当，车速将无法满足要求。例如，已知洒布宽度 $B = 2.5$，洒布量 $q = 1$。

设：$Q_L = 1000$（L/min）

则：车速 $v = Q_L/(B \cdot q) = 400$（m/min）$= 24$（km/h）

显然车速过高，一挡大油门也难以实现。为了降低车速，必须重新设定沥青泵生产率 Q_L。

(2) 先 v 后 Q_L，其原则是 q 大时应选小的车速 v；q 小时应选大的车速 v，以便更好利用泵的功能（表6-3）。

沥青泵的生产率($B=2.5$)Q_L(L/min) 表6-3

洒布量 (L/m²)	洒布车速 v(km/h)/(m/min)					
	3 (50)	4 (66.7)	5 (83.3)	6 (100)	7 (116.7)	8 (133.3)
0.8	100	133.4	166.6	200	233.4	266.6
1	125	166.8	208.3	250	291.8	333.3
1.5	187.5	250	312.4	375	437.6	499.9
2	250	333.5	416.5	500	583.5	666.5
3	375	500.2	624.8	750	875.3	999.8

当确定沥青泵生产率 Q_L 后,可计算出沥青泵转速 n_L,见式(6-2)。

$$n_L = \frac{Q_L}{q_L \cdot k} \tag{6-2}$$

式中:n_L——沥青泵转速,r/min;
$\quad q_L$——沥青泵排量,L/r;
$\quad k$——沥青泵容积效率,新泵可设 $k=1$。

二、任务实施

(一)准备工作

(1)施工场地一处,智能型沥青洒布机一台。

(2)柴油、柴油机润滑油、润滑脂、制动液、冷却液、蓄电池补充液。

(3)加油桶、常用手工具、包皮布等物品。

(二)技术要求与注意事项

沥青洒布机的使用及安全操作要点如下。

沥青洒布机的工作过程是:沥青泵将沥青熔化池中的热沥青吸入储料箱中(或外泵将沥青泵入储料箱中),将其运送到工地现场;加热系统将沥青加热到工作温度;控制机构将喷洒阀门开启;沥青泵将沥青以一定的压力输送至洒布管喷嘴后按一定的洒布率喷洒到路面上。作业结束后,沥青泵反向运转,将循环管路中的残留沥青吸送回沥青箱中。

(1)沥青洒布机在工作前,首先要检查沥青泵是否被冷沥青凝固,如发现有凝固现象,则需用手提喷灯将其烤热熔化,直到泵能运转自如为止。

(2)利用外部管路泵入或沥青泵吸入对沥青储料箱加注沥青,加注时通过液位指示器观察箱中油位,充油完毕后,将洒布车开至沥青喷洒地段。

(3)沥青洒布机在作业中质量是第一因素,所以在工作时,行走速度要稳定,汽车驾驶人与喷洒操作者要协调一致。

(4)喷洒前先调整好喷管长度(老式洒布车),将喷管根据作业要求调至合适高度,一般为离地面25cm左右。

(5)操纵主三通阀及左、右三通阀以实现全喷洒或左、右半喷洒。对新式沥青洒布车可通过手动或自动开闭喷嘴开关来完成不同洒布作业要求。

(6)基质沥青的加热温度一般为140~160℃,过低(低于100℃)喷洒困难,过高,沥青会老化变质甚至起火燃烧。SBS改性沥青一般洒布温度为160~180℃,温度过低沥青黏度过大撒布质量难以保证。因此,在工作前,首先检查沥青温度。

工作中若用燃烧器加热沥青时,应经常观察沥青温度,并保证沥青在循环系统中能连续循环。

(7)作业中要使洒布机有稳定喷洒压力。喷雾角是由压力来维持的,压力不稳,会使喷洒的扇形雾化状况有变化,致使喷洒不均。

(8)相邻喷洒带之间有一定的重叠量,一般横缝重叠量为10~15cm,纵缝重叠量为20~30cm。

(9)在工作完成以后或者罐内沥青已喷洒完毕,应立即关闭三通阀,并升起洒布管,使其喷嘴向上,并倒转沥青泵,将管内沥青抽回箱内,并用喷灯熔化喷嘴或部分管道内的沥青,使其全部回收到罐内。

(10)手提喷灯点燃时,不允许接近易燃品,若喷灯的火焰过大或扩散蔓延时,应立即关闭喷灯,使其余燃物烧尽后再点燃。

(11)喷燃器的压缩空气压力一般在0.3~0.4MPa,当喷燃器熄灭以后,应关闭燃油箱的进气开关,并卸除箱内的剩余压力。

(12)沥青洒布机在工作时,严禁使用喷燃系统,满载行驶时,要避免紧急制动,遇有弯道斜坡,应提前减速,尽量避免制动。

(13)喷洒时,洒布车应在距喷洒起点5~10m处起步,到达喷洒起点时,迅速打开左右管道上的三通阀,洒布作业停止后,沥青洒布车应继续前进4~8m方可停车。

(三)操作步骤

西安达刚公司生产的SX5160GLQ型智能沥青洒布机,技术先进、性能优越、全自动作业,但只需单人操作,而对操作程序要求严格,现对其作业过程及注意事项作一介绍。

1. 准备

(1)起动车(方法一)。

①打开图6-1(气路系统)中气路阀1(其他阀均处于关闭状态)。

②打开汽车蓄电池开关。

③打开取力器开关,接合取力器。

④空挡起动车。

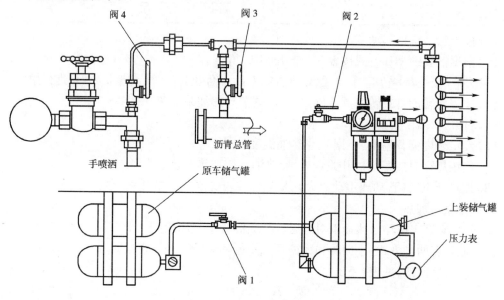

图6-1 气路系统

(2)给管路加注或补充导热油(方法二)(参见图6-2,所有阀处于关闭状态)。

①将吸油胶管连到吸油口2上,将另一端插入油桶中。

②打开阀9、10、11。

③按方法一要求起动车。

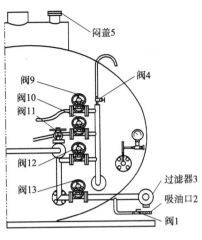

图6-2 导热油系统

④打开热油泵开关,使导热油泵开始转动。

⑤打开阀1,开始给管路加导热油。可以适当旋转沥青泵转速调节旋钮,来调节导热油泵的转速。

⑥观察导热油告警—缺油指示灯,一旦指示灯熄灭,表示油已加注到位。立刻关闭阀1,打开阀13,导热油开始循环。

(3)给管路补充导热油(方法三)(图6-2,所有阀处于关闭状态)。

①打开导热油膨胀箱(在罐前部上端)闷盖5。

②从闷盖5开口处用油桶加油,观察低液位指示灯,一旦指示灯熄灭,表示油已加注到位。

③操作结束后,盖上闷盖5。

2.导热油循环加热(参见图6-2,所有阀处于关闭状态)

导热油系统循环有下列几种方式(表6-4)

导热油系统循环方式　　表6-4

阀号	阀9	阀10	阀11	阀12	阀13
全循环	开	开	开	关	开
加热罐	关	关	开	开	开
加热沥青泵	开	关	开	开	开
加热喷洒管	关	开	开	关	开

(1)按方法一空挡起动车。

(2)根据需要的循环方式按表6-4打开相应的阀门。

(3)开启(或关断)导热油泵开关,导热油泵转动(或停止)。此时导热油按要求进行循环。

(4)适当旋转沥青泵转速调节旋钮,可以调节导热油泵转速。

(5)打开逆变器电源开关(在驾驶室内)。

(6)设定罐内沥青温度(上限)、导热油温度(上限)。

(7)连锁灯亮时按燃烧器开关点火,导热油系统加热开始。

(8)加热结束后(自动或手动关火),根据需要再关断热油泵开关,导热油泵停止。

3.沥青循环加热

循环前,应该先循环导热油以对管道、泵、喷洒管适当加热。

沥青循环有两种方式:小循环和大循环。小循环时沥青经泵直接回罐;大循环时沥青经泵到喷洒管后回罐,见表6-5。

沥 青 循 环　　表6-5

沥青阀号	阀01	阀02	阀03	阀04	阀05	阀06
小循环	开	开	关	关	关	关
大循环	开	关	开	开	关	关
自吸沥青	关	关	关	开	开	开
外卸沥青	关	关	关	关	关	开

(1)沥青循环加热(参见图6-3,所有阀处于关闭状态)。

①根据需要的循环方式按表6-5打开相应的阀门。

②按方法四的方法起动泵。并根据要求,调节沥青泵转速。

(2)沥青泵的手动开停(方法四)。

①按方法一起动车,确认控制方式处于手动状态。

②打开沥青泵开关,沥青泵开始转动。

③适当旋转沥青泵转速调节旋钮,观察沥青泵转速表,来调节沥青泵转速。

④操作结束后,关断沥青泵开关,沥青泵停止。

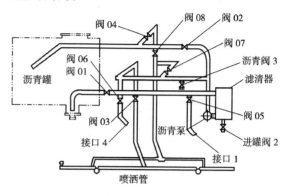

图6-3 沥青循环系统

4. 沥青灌装与外卸

(1)用外部设备灌装沥青。

①打开罐顶人孔盖,将外部沥青管插入(必须加过滤网),用外部沥青泵灌注沥青。

②灌装沥青时,应特别注意观察沥青液位。

③沥青灌装结束后,关闭人孔盖。

(2)自吸灌装沥青(参见图6-3,所有阀处于关闭状态)。

①将吸油软管连接到接口1上,另一头放入沥青池中。

②打开外吸阀05。

③打开沥青进罐阀02。

④按方法四起动沥青泵,灌装沥青,并应随时观察沥青液位,防止溢出。

⑤操作结束后,先关阀05,然后停泵。

(3)用泵外卸罐内沥青(参见图6-3,所有阀处于关闭状态。)

①将吸油软管连接到接口4上,另一头放入沥青池中。

②打开阀01和06。

③按方法四起动沥青泵外卸沥青。

④操作结束后,先停泵,然后关闭阀01和06。

5. 自动喷洒

自动喷洒:根据设定参数(洒布密度、洒布宽度、沥青密度)自动提示行驶速度,并根据实际车速自动控制喷洒过程和喷洒量。

注意:

(1)开始喷洒之前,应该打开图6-1中阀2给喷洒系统供气。

(2)自动喷洒前应保证罐内存有沥青。

(3)所有手动沥青管路阀应按沥青大循环要求开关。

(4)沥青温度应满足工艺要求。

6. 手喷枪使用(参见图6-3,所有阀处于关闭状态)

(1)将手喷枪的胶管连接到接头上。

(2)按小循环方式循环沥青,将泵速调低,适当关小阀02。

(3)打开沥青阀3,手喷枪中则充满压力沥青;此时可以打开手喷枪的手柄开关进行喷洒。

(4)喷洒压力可以用沥青阀02的开度来调节。

(5)停止喷洒时,先开大阀02,再关阀3,最后停泵。并用压缩空气将手喷枪吹扫干净。方法:将图6-1中阀4打开,并将手喷枪手柄阀打开,待吹干净后,将阀4关闭。

7.管路吹扫

(1)每次工作结束后,可以用压缩空气吹扫沥青过滤器、管道和喷洒管,(见图6-3,所有阀处于关闭状态)。

(2)打开沥青阀03和阀04。

(3)起动沥青泵。

(4)打开图6-1中吹气阀3,则管路中大部分沥青吹回罐中。

(5)可以反复吹扫几次。

(6)结束后,关闭气阀3,停泵;再关闭沥青阀03和阀04。

8.吹扫喷嘴

(1)工作结束后,先吹扫管路,再进行以下程序(见图6-3,所有阀处于关闭状态)。

(2)单独提升一侧的汽缸,倾斜喷洒管。

(3)打开沥青阀03。

(4)打开图6-1中吹气阀3。

(5)在后控制台上,用手动或自动吹扫功能自高至低逐个吹扫喷嘴。

(6)操作结束,关好气阀3,收回喷洒管。

9.冲洗管路

当改变不同的品种时,需用柴油压力冲洗管路和喷洒管。并保证沥青罐中有一定量的清洗油供冲洗管路用。冲洗方法与沥青大小循环时的方法一样。

三、学习拓展

沥青洒布机的结构及工作过程

自行式沥青洒布机除了汽车本身以外,其洒布工作机构主要有储料箱、加热系统、传动系统、洒布系统和操纵系统及计量仪表等,如图6-4和图6-5所示。下面以LS3500型洒布机为例对洒布机各部分组成及作用过程作一介绍。

1.沥青储箱

沥青储箱如图6-6所示,是利用钢板焊接而成的椭圆形封闭长筒,在壳体外包有30~50mm厚的玻璃绒或岩棉等制成的保温隔热层。在保温隔热层外用薄金属板套壳包住,可使沥青的温度缓慢降低。筒体中部有一道模隔板,将筒体分为前后两腔(底部有缺口相通),这样可以减少沥青由于行驶产生的振动和冲击,同时又增加了箱体的强度。在箱顶的中部有一个带滤网的大圆口,不仅可以加入沥青,而且在维修时便于人员进出。为了加热箱体内的沥青,在箱体的中下部安装了排列整齐的加热管。箱底部开有出油孔、孔内设有总阀门,它由箱顶上的手轮、通过长柄执行机构控制,出油口的下面装有一个主三通阀和沥青泵,箱内还设有进料管和测定沥青量的浮标。溢流管透出箱体外超量的沥青可以由此流出。

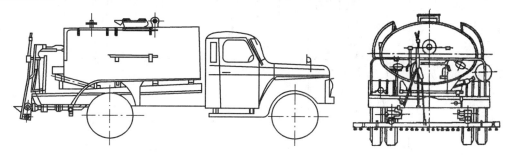

图 6-4　自行式沥青洒布机外形图

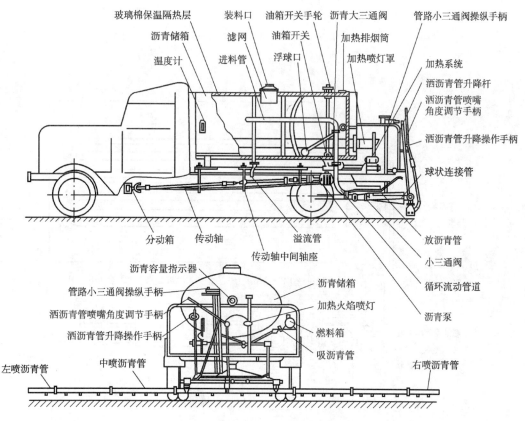

图 6-5　自行式沥青洒布机构造示意图

2. 加热系统

加热系统是为了沥青在运距较长或天气较冷时不使油温降低而设置的。其加热的方式有箱底加热和箱内加热两种方式。箱底加热为火焰直接加热,箱内加热是由燃油燃烧通过 U 形管加热沥青来工作的。它主要由燃油箱、两个固定喷灯、一个手提式喷灯、两根 U 形管和带有滤清器的油管系统所组成,如图 6-7 所示。

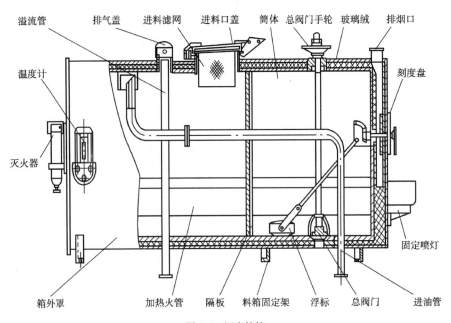

图 6-6　沥青储箱

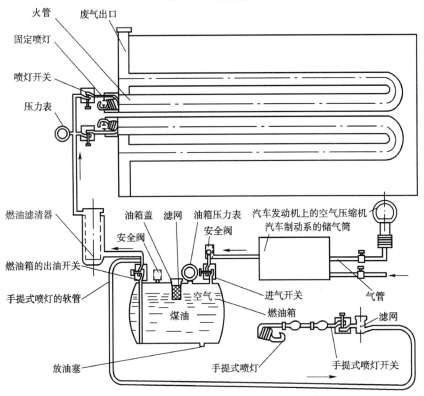

图 6-7　沥青洒布机加热系统

固定式喷灯安装在 U 形管的端部,向火管内喷入火焰加热沥青,废气从排烟口排出,螺旋管的下部设有节油盘,储少量燃油,在点燃前预热喷管,加快燃油汽化。尽快达到正常汽化燃烧的目的。

燃油箱由汽车的储气筒向内提供压缩空气,燃油在一定的压力下,向喷灯供油,箱上安装有压力表等。

固定喷灯是由钢管支撑的喷管和喷嘴,喷管为螺旋状,以利于燃油加热汽化。为了使燃油雾化质量好,管道中设有燃油滤清器,过滤杂质,使其燃烧更充分。

手提式喷灯,除了供修补路面外,还可以在施工之前加热沥青泵及管路,以熔化其内的余留沥青,尽快正常工作。

3. 传动系统

自行式洒布机的传动系统包括有两大部分：一部分是将发动机的动力传递给汽车的驱动轮使车辆行驶的传动系统,它是由汽车底盘部分的传动系统来执行;另一部分是驱动沥青洒布机的沥青泵工作的传动系统,它是由装在汽车右侧的分动箱来完成的。传动的次序是：发动机→离合器→变速器→分动箱→传动轴及联轴器→沥青泵,在联轴器与泵轴之间安装有安全销,一旦油泵超载而不能转动,安全销首先折断而起到安全作用。

4. 洒布系统

洒布系统是沥青洒布机最基本的部分,它的主要功能是：向沥青储料箱内吸进高温液态沥青,工作完成以后,抽空储料箱和洒布管内的余留沥青;输送液态沥青;完成液态沥青的洒布工作。液态沥青通过管道不断循环,使储料箱内的沥青保持均匀的温度(图6-8)。

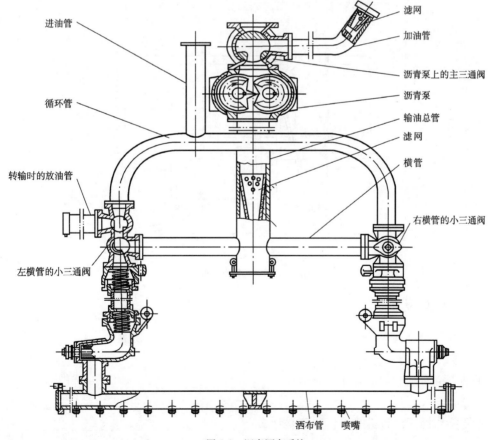

图6-8 沥青洒布系统

洒布系统主要包括:沥青泵、洒布管道和大小三通三部分所组成。沥青泵一般为低压式齿轮泵,安装与输油总管上,其转速为150~600r/min,控制转速可控制沥青的洒布量。

循环洒布管道是用不同长度和规格的无缝钢管制成的,其作用是输送高温液态沥青。管道应力求短些,以减少热量损失,它一般由吸油管、输油总管、横管、进油管、循环管、洒布管等所组成。洒布管中间被隔开,以控制左右侧洒布沥青、固定洒布管的长度一般为2~2.5m,并每隔100mm开一个小孔,以便配制不同规格的喷嘴。喷嘴可以按其不同的需要选定。为了扩大洒布机的使用范围,在洒布管的两侧可以临时安装活动洒布管。

三通阀是控制液态沥青在管道内流动的方向,如LS3500型洒布机共安装旋塞型三通4只,主三通安装在沥青泵的上方,其余3只安装在横管的两边。通过操纵这3个三通的不同位置,并配合沥青泵的正反转,就可以完成沥青洒布机的吸油、转轮、循环、全洒布、左右洒布,抽空和少量洒布等多种作业形式,各个操纵的方位在标牌上有说明,可以按标定方位进行操作。

5. 操纵机构

操纵机构,如图6-9所示,是由站在机后的操纵台上的人员通过手轮和操纵杆等机构进行操纵的。它的操纵包括三通阀的拨转和洒布管的升降两部分。前者在一般作业中拨动一次即可,后者则在洒布过程中要根据施工的需要经常操作和调整。

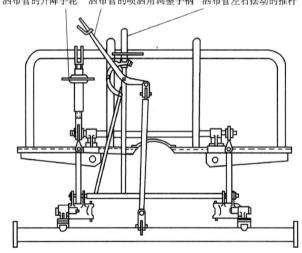

图6-9 洒布机操作机构

四、评价与反馈

1. 自我评价

(1)通过本学习任务的学习你是否已经知道以下问题:

①沥青洒布机通常由哪几部分组成:_____。

②智能型沥青洒布机的操作顺序是什么:_____

(2)分析影响沥青洒布机生产率的因素：＿＿＿＿＿＿＿＿＿＿＿＿＿＿＿＿＿＿＿＿

＿＿＿＿＿＿＿＿＿＿＿＿＿＿＿＿＿＿＿＿＿＿＿＿＿＿＿＿＿＿＿＿＿＿＿＿＿＿。

签名：＿＿＿＿＿＿＿＿　　　＿＿＿＿年＿＿＿月＿＿＿日

2. 小组评价（表6-6）

小 组 评 价 表　　　　　　　　表6-6

序　号	评价项目	评价情况
1	相关理论知识学习是否认真	
2	操作的动作、姿势是否正确	
3	自学能力	
4	动手能力	
5	动作的准确性	
6	动作的连贯性	
7	维修车辆的积极性	
8	团结协作情况	

参与评价的同学签名：＿＿＿＿＿＿　　　＿＿＿＿年＿＿＿月＿＿＿日

3. 教师评价

＿＿＿＿＿＿＿＿＿＿＿＿＿＿＿＿＿＿＿＿＿＿＿＿＿＿＿＿＿＿＿＿＿＿＿＿＿＿

＿＿＿＿＿＿＿＿＿＿＿＿＿＿＿＿＿＿＿＿＿＿＿＿＿＿＿＿＿＿＿＿＿＿＿＿＿＿。

教师签名：＿＿＿＿＿＿　　　＿＿＿＿年＿＿＿月＿＿＿日

五、技能考核标准

沥青洒布机操作

（一）考前准备

(1) 成立考评小组。

(2) 智能型沥青洒布机一台，线绳、皮尺、钢卷尺等。

(3) 主考教师对沥青洒布机技术状况进行校核，对场地进行测校，确保考核顺利进行。

（二）考试内容

1. 考试场地（图6-10）

同时，在评分项里加入"洒布宽度调整"的内容，按"操作技能考核评分记录表"格式进行编写。另外，配分不要过于集中，多分几项好一些。

2. 操作要求

(1) 开始作业前，检查车辆技术状况，确认洒布机各机构运转正常。

(2) 正确起动车辆，在转向调整区域调整好车辆。

(3) 驶入洒布区域，从开始洒布线（EM线）开始洒布沥青，洒布至停止洒布线（FK线）。

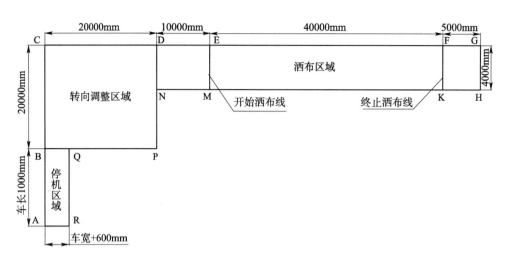

图 6-10 沥青洒布机考核场地

(4) 按照施工要求,越过停止洒布线后,继续行驶 5~10m,将车辆开出洒布区域停稳。

(5) 要求:操作规范正确,起步平稳,不压线,中途不得停车熄火,洒布质量符合要求,无漏洒、过量洒布现象,时间不超过 10min。

(三) 评分标准(表 6-7)

操作技能考核评分记录表　　　　　　　　　表 6-7

序号	作业项目	操作内容	配分	考核内容及评分标准	扣分	得分
1	操作前准备	上车前后的检查、洒布机各阀门关闭情况的检查、正确起动发动机、起动后仪表的检查	5	(1) 上车前不查视外部扣 5 分; (2) 不作必要检查扣 5 分; (3) 每漏检一处扣 1 分		
			5	(1) 上车前不检查洒布机各阀门关闭情况,扣 5 分; (2) 每漏检一处扣 1 分		
			5	上车后不按规定起动发动机扣 5 分,不检查仪表扣 5 分		
2	基本驾驶技术	熟练驾驶洒布车	10	起步不鸣笛、不平稳或挡位运用不正确,每项扣 3 分		
			10	碾压停机区域、转向调整区域、洒布区域边界线,每处扣 3 分		
3	洒布参数的设定	按照施工工艺要求,正确设置各阀门、控制开关的开闭;打开与洒布宽度相适应的喷嘴	10	不能正确设置各阀门的开闭,每处扣 5 分		
			10	洒布宽度设置不符合施工工艺要求,扣 10 分		

续上表

序号	作业项目	操作内容	配分	考核内容及评分标准	扣分	得分
4	洒布作业	正确控制洒布质量,洒布宽度、每平方米洒布量符合工艺要求	5	未从开始洒布线(EM 线)开始洒布,扣5分		
			5	沥青洒布作业未到停止洒布线(FK 线),扣5分		
			10	洒布区域内,沥青洒布未到边界,每处扣5分		
			15	(1)洒布质量不符合施工工艺规定,漏洒一处扣5分; (2)沥青洒布量超过或不达标准,每处扣5分		
5	计时	在规定时间内完成作业任务	5	每超时 1min 扣 0.5 分(不足 1min 时,按 1min 计);每提前 1min 加 0.5 分(不足 1min 时,不计时) (计时时段:从考核员宣布开始,到操作者下车后报告"操作完毕"终止)		
6	安全文明生产	安全文明生产	5	野蛮操作每处扣2分		
7	否定项	否定项目		(1)中途熄火(因机械故障引起的中途熄火除外); (2)不按规定路线进行洒布作业; (3)不能正确设定施工工艺要求的沥青洒布量; (4)不能正确设置洒布机各阀门开关,导致洒布作业无法进行; (5)违反安全操作规程,野蛮操作,导致事故隐患或发生生产安全事故		
	合 计		100			
考核员签字			操作用时		考核日期	年 月 日

注:每个作业项目的配分扣完后,不再扣分。

学习任务7 沥青混凝土转运车的技术使用

知识目标

1. 熟悉沥青混凝土转运车的功能;
2. 掌握沥青混凝土转运车的结构及工作原理;

3. 熟悉沥青混凝土转运车的安全操作注意事项。

 技能目标

1. 掌握沥青混凝土转运车的施工技术；
2. 能驾驶沥青混凝土转运车进行一般施工作业。

 建议课时

6 课时。

 任务描述

实习指导老师带领同学们到高速公路沥青路面施工现场参观学习，一名同学指着正在进行沥青混凝土摊铺作业的机器问老师："老师，现场的沥青混凝土摊铺作业怎么是两辆车连接在一起作业？跟我们认识的摊铺机作业怎么不同？"实习指导老师回答："这位同学非常细心，其实前面的设备叫作沥青混凝土转运车，是介于自卸车和沥青混凝土摊铺机之间的一个转运设备。它主要应用于高等级路面的施工作业中。"今天，我们就来学习沥青混凝土转运车的操作及施工技术。

一、理论知识准备

（一）沥青混凝土转运车概述

沥青混凝土转运车是沥青路面摊铺施工中的配套设备，主要用于高等级沥青路大规模施工作业。它的主要优点有两个：第一是它用于沥青摊铺机和供料自卸卡车之间混凝土材料的转运，能消除摊铺机对运料汽车的顶推作用和碰撞接触，改善了摊铺机牵引状况，使摊铺机能够有稳定的作业速度，提高路面的平整度。有试验证明，使用转运摊铺技术铺筑路面的平整度提高 6.5% 以上。第二由于转运车受料斗和储料包下均有搅拌输送螺旋，且储料包结构独特，从而使通过转运车的物料能够得到两次搅拌混合，减少了混合料的材料离析和温度离析，对比试验表明，转运车可明显减少混合材料及温度离析现象。当进入转运车受料斗的混合料温度变化范围在 103~150℃，标准差为 12.4℃ 时，经转运车搅拌混合，出料温度变化范围在 136~148℃，标准差为 3.5℃。

沥青转运车是一种新近开发研制的沥青摊铺的配套产品。发达国家也仅有 10 几年历史，我国近年才引进该项技术，国内三一重工及徐州工程机械集团均有机种研制，外形如图 7-1 所示。

（二）沥青混凝土转运车施工技术

以 AT1000A 型转运车为例作介绍。

1. 转运车的首次使用

首次使用应对操作者进行专业培训，并对车辆进行日常使用的检查、维护等工作。
在首次工作时，转运车应在正式摊铺前先和摊铺机连接，主要工作有：

图 7-1 沥青混凝土转运车

(1) 确定储料仓的吊装方式和吊具。
(2) 储料仓在料斗中的安放位置。
(3) 储料仓和摊铺机料斗必要的固定方法和采用的工具(防止储料仓滑落)。
(4) 储料仓搅拌管路的连接(以防在运输中对管路接头的损坏)。
(5) 自动车距跟踪仪的连接及超声波跟踪部位的确定。
(6) 转运车和摊铺机车距的确定。
(7) 搅拌仓料位控制器的连接和探测部位的确定。
(8) 储料仓搅拌功能的空载试验及搅拌速度的确定。
(9) 转运车和摊铺机之间钢丝保险绳的连接。
(10) 储料仓高度的调整(先将搅拌仓4个支脚调至最低高度,防止料仓底部溢料)。
(11) 出料口导流板位置的确定和角度调整(保证卸料位置)。
(12) 根据自卸车型,确定伸缩式推轮的位置(保证正常卸料)。
(13) 远红外预热用液化气瓶的准备、管路连接及预热。
(14) 转运车和摊铺机的空载同步运行验证,确保摊铺机和转运车的驾驶人员都真正了解和熟悉转运摊铺工况。图 7-2 所示为转运车施工过程的机械系统配置示意图。

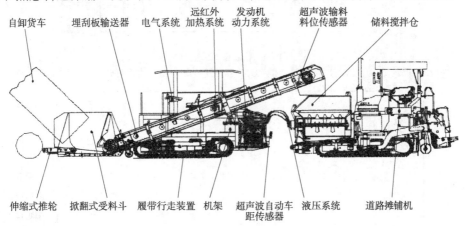

图 7-2 转运车施工过程的机械系统配置示意图

2. 施工准备

为保证转运车的持续工作,必要的事前准备是必需的,这包括:
(1) 对黏料部件喷洒柴油,防止黏附沥青,包括链条、底板、受料斗、接料斗、储料仓、搅拌叶片等。

（2）在开始工作之前对输送系统的链条、链轮等部件进行预热，可有效防止因沥青黏附而造成的卡料堵塞现象。

（3）拌仓管路的连接，连接时应保证液压快换接头的清洁，防止污染液压系统。

二、任务实施

(一)准备工作

（1）坚硬、平整场地一处，沥青混凝土转运车一台。

（2）桩座及桩杆22套，铅垂一个，线绳、皮尺、钢卷尺等。

（3）常用维护材料及工具一套。

(二)技术要求与注意事项

1. 沥青混凝转运车的仪表及操纵装置

驾驶室操纵台上设有2个仪表板，各按钮和开关如图7-3及图7-4所示。其功能见表7-1和表7-2。

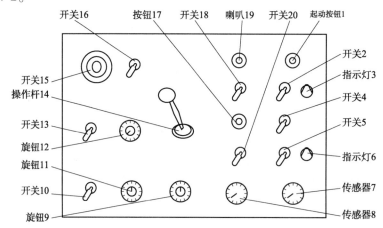

图7-3 仪表板1示意图

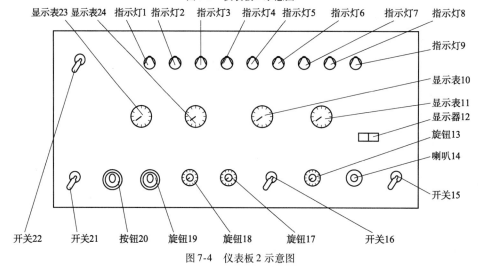

图7-4 仪表板2示意图

仪表板 1 说明对照表 表 7-1

序 号	功 能	序 号	功 能
起动按钮 1	用于自动控制距离	旋钮 11	用于速度控制
开关 2	用于自动控制距离	旋钮 12	控制发动机转速
指示灯 3	显示自动控制距离功能	开关 13	选择行车方向
开关 4	料斗壁控制	操作杆 14	转向用
开关 5	控制螺旋输料	开关 15	紧急停车用
指示灯 6	显示螺旋输料运转	开关 16	用于选择工作模式（摊铺/行车）
传感器 7	用于螺旋输料	按钮 17	自动控制输料过载
传感器 8	用于皮带输料	开关 18	用于提升或降低输料皮带
旋钮 9	设定转向控制	喇叭 19	
开关 10	主牵引用	开关 20	控制输料皮带

仪表板 2 说明对照表 表 7-2

序 号	功 能	序 号	功 能
指示灯 1	工作警灯	旋钮 13	设定防输料过载传感器
指示灯 2	充电显示	喇叭 14	
指示灯 3	显示机油压力	开关 15	控制自动转向
指示灯 4	显示冷却液位	开关 16	用于料斗横向控制
指示灯 5	显示冷却液温度	旋钮 17	用于控制皮带张紧、松弛
指示灯 6	显示空气滤芯工况	旋钮 18	用于控制刮料板
指示灯 7	显示发动机故障信息	按钮 19	右向倒车
指示灯 8	显示燃油箱油位	按钮 20	左向倒车
指示灯 9	显示液压系统回路过滤器工况	开关 21	用于驻车制动
显示表 10	冷却液温度显示	开关 22	用于紧急停车
速度表 11		显示表 23	显示转速及工作时数
显示器 12	显示自动转向控制系统	显示表 24	油量显示

2.转运车安全保护

（1）驾驶人应为年满 18 周岁，能可靠的胜任此项工作的人员。

（2）驾驶人应了解本机的结构特征，遵守生产厂家制定的操作规程。

（3）转运车工作时必须具备所有安全装置。

（4）转运车工作前应先检查转向和制动，一旦失灵，不得进行操作，应立即排除故障后再进行操作。

（5）转运车只能由驾驶人在规定位置上操作。

（6）向燃油箱加油前应熄灭柴油机。

（7）转运车在坡道行驶过程，不得换挡。爬坡时应使用慢挡。在濒临悬崖的山地等危险地带作业时，应尤为注意！

(8)驾驶人应保持操纵台、扶梯和踏板附近无障碍物、无油脂、无灰尘等其他类似物,防止伤害。

(9)应保证驾驶人在行驶和工作范围内的视线无阻碍。

(10)驾驶人在离开岗位前,柴油机应熄火,并确保驻车制动器可靠工作,并确保柴油机不能无故运转或转运车移动,所有电器开关均需回到零位。

(11)当转运车停车阻碍交通时,应采取引人注目的预防安全措施。

(12)进行储料仓等重物安装时,要使用适当的提升装置。

(13)当转运车与摊铺机分开运输或独立行走时,应将储料仓的搅拌电动机驱动胶管接头拆开,并保证接头的清洁,及时盖好防尘帽;转运车上搅拌驱动进回油胶管阴阳快换接头应对接,以防止驱动泵因长期憋压而损坏。使用平板运输车运送转运车时,转运车应固定。为防止转运车的输送架在运输中超高,应将受料斗提升,并将举升油缸的限位装置可靠固定后才能运行。应注意路面的平整情况及受料斗的离地高度,必要时可提起受料斗以越过障碍,防止损坏受料斗和输送架。

(14)整个工作范围内都应安装脚踏板和护栏。

3. 转运车采用远红外气加热系统的特殊安全要求

(1)如转运车上装载液化气瓶,应将其固定牢靠,防止倾倒。转运车运输之前,应关闭液化气瓶上的阀门,卸下外部所有连接件,加盖防护帽。

(2)操作使用远红外加热装置时,请遵守与其有关的安全规则。当未开机时环境温度超过+10℃,或开机工作环境温度超过+20℃时,为避免气瓶过热,而引起内部压力增加,应将气瓶覆盖专用帆布套。加热结束后,将所有阀门关闭。

(3)每次进行管路连接后,应用肥皂水(或家用中性洗涤剂加10~20倍的水制成液体)检查各螺纹连接部位是否泄漏。

(4)远红外加热零部件安装过程中严禁使用油脂。

(5)远红外加热系统的气路连接有可能采用左旋螺母。如采用六方螺母带沟槽,则螺母可能为左旋螺纹,拆装时应注意。

(6)采用柴油清洗装置清洗机器后,必须停留6h以上方可使用远红外加热系统,并将输料架其余盖板打开;否则有发生爆燃或爆炸的危险。

4. 防噪声

(1)根据防止噪声的规定,工作人员应采取防护措施,以减少噪声对人体的伤害。

(2)为安全防护起见和防止电气控制系统由非工作人员操纵,配备了蓄电池开关。此开关靠近蓄电池安装,位于机架的右后部侧的内侧。

(3)防护装置包括主机踏板、扶梯、防护栏杆、输料盖板等。

应注意机器的警示标记,防止人身和机器受到伤害。

转运车为重载设备,请随时保持防护装置的完整可靠。

5. 特别注意

特别要注意,以下可能导致机器损坏、人身伤害或人员死亡:

(1)储存和输送沥青混凝土的工作装置均可能具有较高的温度,未加防护的触摸可能造成伤害。

(2)沥青混凝土为高温材料,在工作中应防止溅落到人体上;散落的沥青混凝土必须尽快清除,否则有凝固的危险,且污染环境。

(3)受料斗、输送架、储料仓均为重载装置,进行处置前必须确保可靠定位,必要时应加辅助支撑;否则会造成人员伤亡;储料仓安装时,必须使用合格的起重设备,并必须调整其底脚螺杆至料仓平稳。

输料架为倾斜安装,带有紧固的钢丝绳,处置时应特别小心以防止人员意外滑落跌伤。

(三)操作步骤

1. 起动步骤

(1)检查柴油机机油油面,柴油机机油标尺上刻有两个刻度。对长时间停放的柴油机在起动前,应按油标尺上刻度检查机油油面,油位应在两个刻度之间。柴油机怠速运转 1~2min 后,要求停机检查机油油位,柴油机散热器应加满软化清洁水,冬季或气温低于 4℃应加注防冻液(转运车出厂前已加注防冻液)。

(2)检查空气滤清器:检查滤清器,将其杂质用压缩空气吹干净。

(3)接通电源开关。

(4)将蓄电池开关置于工作位置,插入起动开关钥匙,并向右旋转这时充电指示灯亮。如果柴油机一次未能点火,为了保护蓄电池,应间隔 3min 再起动。在冬季温度接近冰点或低于冰点时,应采取预热措施。起动时间不得超过 20s,柴油机一旦开始运转,其怠速应平稳在 600r/min 左右,此时充电指示灯应熄灭。应使柴油机空转几分钟达到正常工作温度后再投入转运摊铺作业。

(5)将操作台的柴油机速度开关置于高速位置,即可进行转运摊铺作业。

(6)柴油机怠速运转时,机油压力表的指示应在正常区域内。柴油机热态怠速运转时,允许出现报警灯发亮,机油压力表的指示短时超出正常区域内,但是当转速提高时,报警灯熄灭,指针应转到正常区域内,正常的压力范围在 0.3~0.5MPa。

2. 停机步骤

(1)柴油机不得满负荷工况突然停车,卸荷后应该经短时间空转,使温度平衡后再停机。

(2)按下熄灭按钮,直至柴油机停止为止。充电指示灯在柴油机停机后又亮起来。将起动开关钥匙左转拔出,指示灯熄灭。

(3)关闭蓄电池开关。

3. 行走驾驶

(1)转运车行驶前,主开关放在"0"位置,其他工作开关复位、速度旋钮归零,然后起动柴油机。

(2)将速度选择开关置于行驶位置,主开关置于前进"I"位置。逐渐旋转速度旋钮,转运车的速度将逐渐加大;根据道路情况向左或向右旋转方向旋钮,转运车将根据要求进行转向行进或直线行驶。

注意:不要将速度旋钮先设置在较高位置,再打开主开关,这样易造成突然的起动冲击,损坏传动元件!

转运车的方向调整好以后,应及时复位,否则转运车将一直转下去!

4. 输送作业

1)摊铺之前

转运车开始正式摊铺输送之前黏料部位应喷洒柴油,开启远红外预热装置预热链条等部件,防止部件黏结沥青。

料斗装料:将料斗放下,把圆弧形料门调低,自卸车倒车卸料,当料斗装满后,打开输送开关,转运车开始输送料,此时应注意调整料门高度,控制输料流量,流量不宜过大或过小,防止链条被冷料卡住。

将主开关置于"0"位,行走开关打开至摊铺挡,根据摊铺机的正常摊铺速度调整速度旋钮,选定和摊铺机一致的摊铺速度。

注意:应调整推轮的位置使自卸车的沥青混合料可以排空,防止自卸车后箱板挡住进料口。

2)开始输送摊铺

当搅拌仓中的混合料已经足够,达到搅拌叶片 2/3 高度;且摊铺机熨平板前的混合料达到正常摊铺料位高度时,打开下列开关:

(1)振动器开关——开位向上。

(2)主开关——置于"I"位,放于工作位置。

此时,转运车进入正常作业。待自卸车车厢内的混合料逐渐流入转运车的料斗中时,可适当地掀起自卸车的车厢,至其混合料完全送入转运车料斗中;自卸车卸料完成后应迅速落下车厢并离开,以便下一自卸车的卸料,防止断料;料斗底部的混合料逐渐减少达一定程度时,可关闭振动器开关,将前掀板控制开关上拔,使前掀板升起,将前掀板上的物料继续输送。将物料卸完后向下拔,则前掀板放下,以便等待下一自卸车的卸料。当前掀板内的料全部输送完后,且摊铺机的料斗存料过低时,转运车可通知摊铺机停止作业,等待下辆自卸车的到来。

注意:每天初始摊铺时,应防止混合料黏附机件,卡住链条!

每天初始摊铺时,防离析接料斗应全开启,预热后或第二车料开始使用。

应合理地选择摊铺速度,尽量保持转运车的连续不停机运转。

自卸车未离开时不得掀翻料斗前翻板,防止损坏机器。

3)摊铺工作结束之后

清除机器黏附的沥青混合料,用柴油清洗装置清洗黏料部位,各工作部位复位。

5. 输送过程中常见故障及排除

1)卡料故障

初始输送过程中因预热不够造成链条和链轮黏料、输送时料门过高或料粒过大时,会出现卡料现象出现输送无法进行。此时应立即关闭输送开关进行人工处置:

(1)打开主机控制柜,将输送器方向开关置于反转位置。

(2)打开操作台上的输送开关,至输送链动作并立即关闭。

(3)打开主机控制柜,将输送器方向开关置于正转位置,至输送链动作并立即关闭。

重复以上过程直到故障消失。以上操作必须耐心操作,否则会造成机器损坏。

2)输送底板黏料

此故障系初始工作时底板温度过冷,柴油清洗不彻底所致。应尽量保证清洗彻底,并在初始工作时以慢速输料操作。

三、学习拓展

(一)沥青混凝土转运车主要结构及工作原理

国产转运车一般由动力系统、行驶驱动系统、(轮胎或履带)机架、受料系统、输料系统、储料搅拌仓、操纵机构、电气系统、液压系统、柴油清洗系统、集中润滑系统、远红外加热系统等组成,较为复杂。而德国福格勒公司生产的 MT1000-1 沥青混凝土转运车结构紧凑,是一种典型机型,现将其主要结构及工作原理介绍如下。

如图 7-5 所示,福格勒 MT1000-1 沥青混凝土转运车主要由底盘、接料系统、加热保温系统、皮带输料系统以及行驶和输料控制系统组成。

图 7-5 福格勒 MT1000-1 沥青混凝土转运车

1. 底盘

MT1000-1 采用履带式底盘,为全液压驱动,柴油机功率为 106kW,履带上配有橡胶板,使设备在工地上有更好的行车附着力,与摊铺机配套作业更加默契。

2. 接料系统

MT1000-1 的接料斗可以通过液压系统升降和折叠,其内部设有螺旋集料器,外部设有摆动式推辊,用于推动前面的供料汽车。

3. 加热保温系统

沥青混凝土摊铺施工对混凝土材料的温度变化要求很高,这一点在 MT1000-1 转运车上也有改良,在整个皮带输料系统上部,设置了加热保温元件,使用液化气通过加热元件对材料输送全过程进行加热保温。

4. 皮带输料系统

液压操纵的皮带输料控制可以实现输料速度的无级调速,采用了槽形托辊皮带,宽度为 1000mm,输送能力达 900t/h。

5. 行驶和输料控制系统

所有的行驶和输料控制都是在操控台上完成的,整机行驶为全液压控制,在摊铺机和转运车之间设有传感器,使它们能同步配套工作并防止设备相撞,输料皮带端口设有料位传感器,以对摊铺机接料斗进行监控,可根据料位情况自动调节输料皮带的输料速度。

其工作流程是:供料自卸汽车向转运车的接料斗上卸料,在转运车中经二次搅拌加热并保温后通过皮带输送机向摊铺机受料斗卸料,由摊铺机进行摊铺作业,如图7-6所示。

图7-6 沥青混凝土转运车工作流程图

MT1000-1转运车部件名称,如图7-7所示。

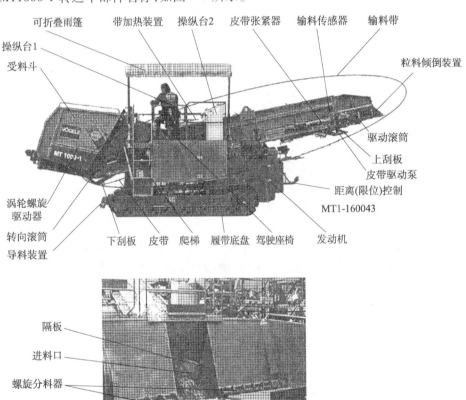

图7-7 MT1000-1沥青混凝土转运车部件图

(二)国产沥青混凝土车主操纵台的识读

徐工产AT1000型沥青转运车主操纵台。装有先进的智能综合式显示仪表系统,通过它可以实时观察监控柴油机运转情况,特作如下介绍:综合显示仪操作部件包括显示屏与操作键盘,如图 7-8 所示,显示屏与操作键盘符号说明见表 7-3 和表 7-4。

操作键盘

显示屏

a)显示屏与操作键盘

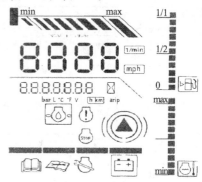

b)显示屏放大图

图 7-8　显示仪操作部件

显示屏符号说明表　　　　　　　　　　　　　　　　　　　表 7-3

序号	符号	说明
1		柴油机小时/里程计
2		柴油机机油压力(其上方将有数值显示,单位 0.1MPa)
3		故障报警符号
4		柴油机停机工作符号
5		蜂鸣报警符号
6		请参照仪表操作说明
7		请参看柴油机的使用说明书
8		请维护柴油机
9		蓄电池电压监控符号(其上方有具体电压值显示)
10		柴油油量显示(条形格来显示油量的多少)
11		冷却液温度显示(其上方将有数值℃显示,左边有条形格表示温度的高低)

159

键盘符号说明表　　　　　　　　　　　　　表7-4

键盘序号	键盘符号	功　能　说　明
1		显示区域选择键
2		区域内子项选择键
3		多台柴油机的显示切换键(本机不用)
4		回车键(兼有复位功能)

四、评价与反馈

1. 自我评价

(1) 通过本学习任务的学习你是否已经知道以下问题：

① 采用沥青混凝土转运车进行沥青路面施工具有哪些优点：_____。

② 沥青混凝土转运车的主要结构有哪几部分：_____。

③ 沥青混凝土转运车的施工流程是什么：_____。

(2) 分析影响沥青混凝土转运车生产率的因素：_____。

签名：_____　　　____年___月___日

2. 小组评价(表7-5)

小　组　评　价　表　　　　　　　　　　　表7-5

序　号	评价项目	评价情况
1	相关理论知识学习是否认真	
2	操作的动作、姿势是否正确	
3	自学能力	
4	动手能力	
5	动作的准确性	
6	动作的连贯性	
7	维修车辆的积极性	
8	团结协作情况	

参与评价的同学签名：_____　　　____年___月___日

项目三　路面施工机械

3. 教师评价

　　　　　　　　　　　　　　　　　　　　　　　　　　　　　　　　　　。

教师签名：　　　　　　　　　　　　　年　　月　　日

五、技能考核标准

沥青混凝土转运车驾驶操作

(一)考前准备

(1)成立考评小组。

(2)沥青混凝土转运车一台,桩座及桩杆 22 套,铅垂一个,线绳、皮尺、钢卷尺等。

(3)主考教师对沥青混凝土转运车技术状况进行校核,对场地进行测校,确保考核顺利进行。

(二)考试内容

1. 考试场地(图 7-9)

(1)车库 HKMN:长×宽 =1.5 倍车长×(车宽 +100cm)。

(2)场地:为 4 倍车长的 L 形,$S_1 = S_2 = 4$ 倍车长。

(3)靶牌:为 5 个同心圆,A 区直径为 20cm,B 区直径为 40cm,C 区直径为 60cm,D 区直径为 80cm,E 区直径为 100cm;靶牌距离车库底线为 0.25 车长。

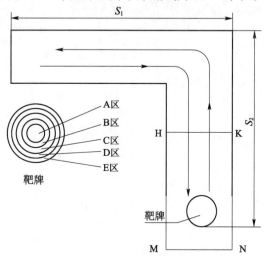

图 7-9　沥青混凝土转运车考试场地示意图

2. 操作要求

(1)进行起动前的检查,正确起动发动机,进行起动后的检查。

(2)将各机构或装置调整到行驶位置,车辆起步,由车库驶出,按照行进路线左转弯进入公路直线行驶,到达路端停车。

(3)换向倒车直线行驶,转向入库,入库后定点停车,将粒料倾倒装置的中心停放到靶牌的中心位置上方。

(4)操作各装置到停驶位置(料倾倒装置除外),熄火,操作人员下车后,报告操作完毕。

(5)要求:操作规范正确,能合理确定各操纵手柄的位置,时间不超过7min。

(三)评分标准(表7-6)

操作技能考核评分记录表　　　　　　　　　　　　　　　　表7-6

序号	作业项目	操作内容	配分	考核内容及评分标准	扣分	得分
1	操作前准备	上车前后的检查、转运车各操纵机构的检查、正确起动发动机、起动后仪表的检查	5	(1)上车前不查视外部扣5分; (2)不作必要检查扣5分; (3)每漏检一处扣1分		
			5	(1)上车前不检查转运车各操纵机构的归位情况,扣5分; (2)每漏检一处扣1分		
			5	(1)上车后不按规定起动发动机扣5分; (2)不检查仪表扣5分		
2	基本驾驶技术	熟练驾驶转运车	15	起步不鸣笛、不平稳或挡位运用不正确,每项扣5分		
			20	行进和倒车过程中,碾压边界线,每处中途停车(换向时除外)扣20分		
3	配合摊铺机准确性	将粒料倾倒装置的中心对正停机区域的靶牌中心	35	粒料倾倒装置中心落在A区内,得35分		
				粒料倾倒装置中心落在B区内,得25分		
				粒料倾倒装置中心落在C区内,得15分		
				粒料倾倒装置中心落在D区内,得10分		
				粒料倾倒装置中心落在E区内,得5分		
				粒料倾倒装置中心落在E区外围,本项不得分		
4	计时	在规定时间内完成作业任务	5	(1)每超时1min扣0.5分(不足1min时,按1min计); (2)每提前1min加0.5分(不足1min时,不计时) (计时时段:从考核员宣布开始,到操作者下车后报告"操作完毕"终止)		
5	安全文明生产	安全文明生产	10	野蛮操作每处扣5分		
6	否定项	否定项目		(1)中途熄火(因机械故障引起的中途熄火除外); (2)不按规定路线进行驾驶操作; (3)不能正确设置转运车各控制装置开闭; (4)违反安全操作规程,野蛮操作,导致事故隐患或发生生产安全事故		
	合　　计		100			
考核员签字			操作用时		考核日期	年　月　日

注:每个作业项目的配分扣完后,不再扣分。

学习任务 8　沥青混凝土摊铺机的技术使用

1. 熟悉沥青混凝土摊铺机的功能、分类；
2. 了解沥青混凝土转运车的结构、工作原理及工作过程；
3. 熟悉沥青混凝土摊铺机的安全操作注意事项。

1. 掌握沥青混凝土摊铺机的施工技术；
2. 能驾驶沥青混凝土摊铺机进行一般施工作业。

14 课时。

实习指导老师带领同学们到高速公路沥青路面施工现场参观学习，一名同学指着正在进行沥青混凝土摊铺作业的机器问老师："老师，这是什么机器，能进行哪些作业？"实习指导老师回答："这是沥青混凝土摊铺机，主要将沥青混凝土按照施工工艺的要求进行摊铺，是现代公路建设中非常重要的一类设备。"今天，我们的学习任务就是学习沥青混凝土摊铺机的操作和施工技术。

一、理论知识准备

（一）沥青混凝土摊铺机概述

1. 功用

沥青混凝土摊铺机是用来将拌制出的沥青混合料按一定的技术要求（厚度和横截面形状）均匀地摊铺在路基或基层上，并给以初步捣实和熨平的专用设备。使用摊铺机施工，既可加快施工速度，节省成本，又可提高所铺路面的质量。

2. 分类

沥青混凝土摊铺机的类型较多，按行走方式分为拖式或自行式。目前基本采用自行式沥青混凝土摊铺机。

按行走装置不同，沥青混凝土摊铺机分为轮胎式、履带式和轮胎履带组合式。轮胎式摊铺机的前轮为一对或两对（大型）实心小胶轮，这样即可增强其承载能力，又可避免因受载变化而发生变形；后轮多为大尺寸的充气轮胎。履带式摊铺机的履带大多装有橡胶垫块,以免对地面造成履刺的压痕,同时降低了地面的单位压力。

轮胎式摊铺机的优点是:行驶速度高,可达20km/h,可自动转移工地,费用较低;机动性和操纵性能好,对单独的小面积高堆或沉坑适应性好,不致过分影响铺层的平整度;弯道摊铺质量好;结构简单,造价低。其缺点是:接地面较小,牵引力较小;料斗内的材料多少会改变后驱动轮的变形量,从而影响铺层的质量。为了避免这种现象,自卸汽车应分次卸料,但这又会影响汽车的周转。

履带式摊铺机的优点是:接地面积大,对地面的单位压力小,牵引力大,能充分发挥其动力性;对路基的平整度不太敏感,尤其对有凹坑的路基不影响其摊铺质量。其缺点是:行驶速度低,不能很快地自行转移工地;对地面较高的凸起点适应能力差;机械传动式的摊铺机在弯道上作业时会使铺层边缘不整齐;此外,其制造成本较高。

由于履带式摊铺机有上述优点,所以目前世界各国使用得较多,尤其是大型机械,由于大型工程不需频繁转移工地,其行驶速度低的缺点也就不明显了。

轮胎履带组合式由于结构复杂,基本不采用。

按传动方式不同,沥青混凝土摊铺机分为机械式和液压式等,机械式摊铺机现在已淘汰。

按摊铺机熨平板的延伸方式不同,可分为机械加长式和液压伸缩式两种。摊铺机采用机械加长式熨平板是指用螺栓把基本(最小摊铺宽度的)熨平板和若干加长熨平板组装成所需作业宽度的熨平板。其结构简单、整体刚度好、分料螺旋(亦采用机械加长)贯穿整个摊铺槽,使布料均匀。因而,大型和超大型摊铺机一般采用机械加长式熨平板,最大摊铺宽度可达8000～12500mm。摊铺机采用液压伸缩式熨平板是靠液压缸伸缩无级调整其长度,使熨平板达到要求的摊铺宽度。这种熨平板调整方便、省力,在摊铺宽度变化的路段施工更显示出优越性。但与机械加长式熨平板对比,其整体刚性较差;在调整不当时,基本熨平板和可伸缩熨平板间易产生铺层高差,并因分料螺旋不能贯穿整个摊铺槽,可能造成混合料不均而影响摊铺质量。因而,采用液压伸缩式熨平板的摊铺机最大摊铺宽度不超过8000mm。

按摊铺机熨平板的加热方式不同,可分为电加热式、液化石油气加热式和燃油加热式等。电加热式摊铺机由发动机驱动的专用发电机产生的电能来加热熨平板,这种加热方式加热均匀、使用方便、无污染,熨平板和振捣梁受热变形较小。液化石油气(主要用丙烷气)加热式摊铺机加热方式简单,使用方便,但火焰加热欠均匀,污染环境,不安全,且燃气喷嘴需经常清洗。燃油(主要指轻柴油)加热式摊铺机加热装置主要由小型燃油泵、喷油嘴、自动点火控制器和小型鼓风机等组成,其优点是可以用于各种工况,操作较方便,燃料易解决,但和燃气加热一样具有污染性,且结构较复杂。

3. 工作过程

沥青混凝土摊铺机的工作过程如图8-1所示。混合料从自卸汽车上卸入摊铺机的料斗中,经由刮板输送器输送到摊铺室,由螺旋摊铺器横向摊开,而后又被振捣器初步捣实,再由后面的熨平器(或振动熨平板)根据规定的摊铺层厚度修整成适当的横断面,并加以熨平(或振实熨平)。

自卸汽车在卸料给摊铺机时,倒退到摊铺机前推辊,然后将变速器放置空挡,升起车箱,由摊铺机推着汽车一边前进一边卸料。卸料完毕,汽车驶开,更换另一辆汽车按同样方法卸料。

混合料进入摊铺器的数量,可由装在刮板输送器上方的闸门来控制(机械传动)或由刮板输送器的速度来控制(液压传动)。摊铺层的厚度由两侧牵引臂上的悬挂油缸和熨平器调整螺旋来调整。

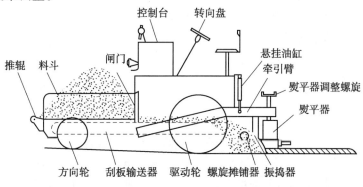

图 8-1 摊铺机工作过程简图

(二)摊铺机摊铺前的准备工作

1. 下承层准备

在铺筑沥青混合料时,它的下承层(即前一层)是基层、连接层或面层下层。下承层表面出现的任何质量缺陷,都会影响到路面结构的层间结合强度,造成路面整体强度下降。因此要做好铺筑沥青混合料前的路面下承层的准备工作。

2. 施工放样

施工放样包括高程测定与平面控制两项内容。高程测定的目的是确定下承层表面高程与原设计高程相差的确切数值,以便在挂线时纠正到设计值或保证施工层厚度。根据高程值设置挂线标准值,借以控制摊铺厚度和高程。对无自控装置的摊铺机,不存在挂线问题,但应根据所测高程值和本层应铺厚度综合考虑确定实铺厚度,并用适当垫块或定位螺旋调整就位,为便于掌握铺筑宽度和方向,还应放出摊铺的平面轮廓或设置导向线。

高程放样应考虑下承层高程差值(设计值与实际高程值之差)、厚度和本层应铺厚度。综合考虑后定出挂线桩顶的高程,再打桩挂线。当下承层厚度不够时,应在本层内加入厚度差并兼顾设计高程。如果下承层厚度够而高程低时,应根据设计高程放样,如果下承层的厚度与高程都超过设计值时,应按本层厚度放样。若厚度和高程都不够时,应按差值大的为标准放样。

总之,不但要保证沥青路面总厚度,而且要考虑高程不超出容许范围。当两者矛盾时,应以满足厚度为主考虑放样,放样时计入实测的松铺系数,挂线的技术及有关事项将在自动调平装置的使用中详述。

3. 摊铺机施工前检查

摊铺机在每日施工前,必须对工作装置及其调节机构进行专门检查,即检查刮板输送器、闸门和螺旋摊铺器(即供料系统)的状况是否良好,有无黏附沥青混合料(包括料斗);振捣梁的底端及其前下部是否磨损过大,行程及运动速度是否恰当;它与熨平板之间的间隙以及离熨平板底面高度是否合适;熨平板底面有无磨损、变形和黏附混合料,其加热装置是否良好;厚度调节器和拱度调节是否良好;各部位有无异常振动;采用自动调平装置时要检查装置是否良好。

上述各项都必须进行试运转检查,遇有故障应及时消除与调整,确认工作装置及其调节机构均处于良好状态之后,方允许正式投入施工。

(三) 摊铺机结构参数调整与选择

摊铺机参数包括结构参数和运行参数两大部分。在摊铺前,根据施工要求需调整和选择摊铺机的结构参数有:熨平板宽度和拱度,摊铺厚度与熨平板的初始工作仰角。运行参数主要指摊铺速度。

1. 熨平板宽度的调整

全路幅一次摊铺时,能够节约人工和机械,而且铺筑成型的路面表面均匀一致,平整度好,无纵向施工缝。缺点易造成离析和压实度不足。分路幅多次摊铺,纵向接缝施工困难大,接缝处两侧大料较多,密实度差,并且平整度也难以掌握。当采用分路幅多次摊铺时,尽量采用多台摊铺机梯队作业的方式。

当路幅较宽(如互通立交处的加宽段),摊铺机的最大摊铺宽度不能一次摊铺时,最好能两台摊铺机同时摊铺,两台摊铺机前后相距 20~40m 为宜,两幅放在一起碾压成型。要避免最后剩一条只能用人工去摊铺的方法,也就会要剩一条不小于摊铺机标准摊铺宽度的路幅,同时还要注意:上下铺层的纵向接缝应错开 30cm 以上;在纵向接缝处应有一定的重叠量(一般为 2.5~5cm)人工进行修整;接宽熨平板时必须双侧对称地相应接长螺旋摊铺器和振捣梁,并检查接后熨平板底板的拱度和整体刚度。

熨平板的侧边与路缘石之间,应留有 10~15cm 的间距,以避免摊铺机摊铺行进中方向的偏摆碰撞路缘石,所留空间由人工紧跟摊铺机及时予以补严,并适当拍锤。

2. 熨平板拱度的调整

熨平板的宽度调整后,进行拱度调整。其目的是将在水准尺上读出的拱度绝对数(mm)或横坡的百分数调整到与拱度设计值一致即可。调整好后要进行试铺校验,必要时再次进行调整。对于大型摊铺机,有前后两幅调拱机构,其前拱拱度应调节得比后拱略大为宜。经验表明,前拱过大,中间部分混合料较多,就会出现中间混合料摊铺紧密并伴随有亮痕和纵向撕裂状条纹;反之,前拱过小,甚至小于后拱,中间部分的混合料偏少,就会出现中间混合料摊铺疏松,两侧密实并伴随有亮痕和纵向撕裂状条纹的现象。因此,前后拱拱度要合适地进行调整,一般人工接长调宽的熨平板,其前后拱之差为 3~4mm。液压伸缩调宽的熨平板,差值为 2mm 为宜。

对于高等级公路采用半幅全宽一次摊铺路面时,路拱为直线型路拱。由于路幅较宽,熨平板的自重较大,要对熨平板底边严格掌握,并在摊铺过程中经常进行校核。校核的方法可跟踪摊铺机,在未碾压前,用测绳放于两侧的基准线上,垂直于路中线拉紧测绳,测量测绳与已摊铺的沥青混合料顶面之间的距离,各量测点距离如果相同,则表明路拱为直线无误;反之,路拱很可能出现了偏差,就要进行调整。

3. 摊铺厚度的确定和熨平板工作仰角的调整

摊铺厚度是一项必须严格控制的指标,它对工程质量和经济效益影响极大。摊铺工作开始前,应事先准备好 2~3 块坚固的长方形垫木。垫木宽度为 5~10cm,长度与熨平板纵向尺寸相同或稍长,厚度为计算的松铺厚度即初定的摊铺后厚度。垫木的厚度按设计厚度乘松铺系数来计算,松铺系数应根据混合料类型、施工机械和工艺等通过试铺或以往的施工经验确定,也可参照表 8-1 选用。

沥青混合料的松铺系数　　　　表 8-1

混合料种类	机械摊铺	人工摊铺
沥青混凝土混合料	1.15~1.35	1.25~1.50
沥青碎石混合料	1.15~1.30	1.20~1.45

将摊铺机停置于摊铺起点的平整处后,抬起熨平板,把 2~3 块垫木分别置于熨平板的下面。如果熨平板加宽,垫木则放在加宽部分的近侧边处。垫木放好后,起动后液压缸,放下熨平板,让提升油缸处于浮动状态,并注意勿使水平架前端销轴提升或降低到极限挡块位置,要使其保留有必要的空隙位置,否则料斗门的油路安全阀和水平架起落油路的安全阀将起动生效,而使这项工作无法继续进行。然后转动左右两支厚度调节螺杆,使它们处于微量间隙的中立位置,此时,熨平板在其自身重力的作用下落在垫木上。上述由垫木所确定的厚度,还要通过熨平板工作仰角 α(摊铺机工作时,熨平板与水平方向之间的夹角)的调整和自动调平装置的使用来得到精确的厚度。

当 α 值保持不变时,单位时间内进入熨平板底部的沥青混合料的数量不变,从而使摊铺厚度保持不变;如果 α 值发生变化,熨平板的受力也会发生变化,从而导致摊铺厚度的变化。所以,摊铺的厚度是由熨平板的仰角所决定的,在每次摊铺作业前,就要调整 α 角的初始值。在初始仰角调整之前,要彻底解除调整机构对熨平板的约束,将熨平板自由地放在水平基面上,调整水平架臂两侧的正反螺纹机构,调整的标尺位于水平架臂后端。

由于受被摊铺材料的温度与性质、颗粒的组成与形状等影响,α 角不可能事先十分精确地确定。一般情况下可按下述规则设定初始仰角的标尺数值:

0:当摊铺厚度小于 10cm 时用。

0.5:当摊铺厚度为 10~20cm 时用。

1.0:当摊铺厚度大于 20cm 时用。

选择的初始仰角合适与否,只能通过实际摊铺的厚度去检验,这种检验必须在摊铺机摊铺混合料长度方向 8m 以外作多点检查,取其平均值与要求厚度比较。一致时即为合适,不一致时要再进行调整,再进行检验,直到相一致时为止。此时的熨平板仰角即为确定的工作仰角,摊铺厚度和混合料组成不变时,一般不再调整。

对液压伸缩式熨平板,由于基本熨平板与两侧加宽熨平板不在同一纵向位置上,当工作仰角有改变时,两者的后缘距地面的高度会变得不一致。所以在调整工作仰角时,要使用同步调整机构,使其后缘与基本熨平板后缘处于相同的高度上。这样将使新铺筑的路面,无论是在基本部分还是在加宽部分,其铺筑层密实度将是一样的,而且也不会留下任何痕迹。图 8-2、图 8-3 分别是安装正确和不正确的熨平板接宽方式。

当摊铺机使用自动找平装置时,只要按照上述一般情况下的规则来设定初始仰角,上述三级中每一级初始工作仰角都能适应其对应的一定范围的摊铺厚度。精确的厚度是靠纵坡基准来控制的,并依靠灵敏度很高的自动调平装置来控制工作角的瞬时变化,以保证摊铺平整度。

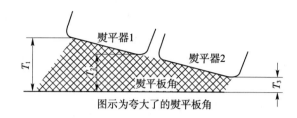

图 8-2　安装正确的熨平板接宽方式

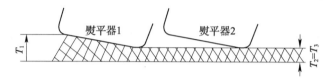

图 8-3　安装不正确的熨平板接宽方式

实际施工中,无论是靠熨平板仰角确定的摊铺厚度,还是靠自动找平装置确定的摊铺厚度,施工负责人都要经常根据实际使用的沥青混合料数量,计算按设计厚度应摊铺面积与实际摊铺面积之间的差别、设计厚度与实际平均厚度之间的差别,作进一步分析后就可决定是否调整当前厚度。假若从沥青混合料拌和机计量器或通过过磅已知用的混合料质量为 $G(t)$,实际的铺筑面积为 $A(m^3)$,则所铺的成型后实际平均厚度 h 为:

$$h = \frac{100G}{PA} \quad (cm) \tag{8-1}$$

按设计厚度计算的铺筑面积为:

$$A_0 = \frac{G}{Ph_0} \quad (m^3) \tag{8-2}$$

式中:P——最终成型后沥青混合料容重(一般为 $2.25 \sim 2.35 t/m^3$);

h_0——沥青混合料铺筑层设计厚度。

4. 布料螺旋与熨平板前缘距离的调整

熨平板前缘与布料螺旋之间的距离是可调的,这样将更好地适应不同的摊铺材料和工作条件。由于摊铺厚度、混合料配合比、基层强度和刚度、骨料粒径等条件的变化,要求:

(1)在一般摊铺条件下(厚度 10cm 以下,中粒式或粗粒式沥青混凝土、骨料最大粒径 3cm),应将熨平板与布料螺旋之间的距离作相应的调整。调整操作应遵循下述原则:中间位置。

(2)在软基层上摊铺(稳定土类基层),摊铺厚度较小,骨料粒径不大时,宜将距离调小。

(3)摊铺厚度较大,骨料粒径也较大,混合料温度偏低,或发现摊铺层表面出现波纹时,宜将距离调大。

该距离的调整范围在机械结构上已经固定,为 5cm 左右。不适当的调整就会造成摊铺缺陷,距离过大时,容易在熨平板前堆积死料,温度降低后会成团块状脱落,进入摊铺层后形成密实度不均,不易压实。距离过小时,会造成供料不足,大粒径骨料不易进入熨平板下,也会损坏基层。特别指出的是,螺旋与熨平板间距离的变化,会引起熨平板前沿堆料高度的变化,影响摊铺质量。因此,这一调整是在其他项目调整全部完成后进行。

5. 螺旋布料器高度的调整

大多数摊铺机对螺旋布料器高度的调节,设置有高、中、低三个位置,其目的是在于能使物料厚度(堆积在熨平板导板之前的物料)与设计路面厚度相适应。当螺旋布料器置于低位时,导板前物料堆积得少,这一点在较宽路面的薄层作业中特别重要。有关选定螺旋适宜高度的建议为:

(1)高位(比中位高5cm):适用于路面铺层厚度超过15cm。

(2)中位(螺旋布料器中心线距离底面高36.5cm):适用于路面铺层厚度4~15cm。

(3)低位(比中位低5cm):适用于路面铺层厚度小于8cm。

在中间的螺旋驱动外壳上、与主机上部结构的支架连接的支承座上以及承重梁上的支承座上都设有槽孔,以调整螺旋器的高度,可以从中位往上提高5cm或往下下降5cm。

实施高度调整时,必须将整个摊铺机构平行地上升或下降,任何歪斜不均,都会导致螺旋布料器的凸缘和外轴承架过度磨损。每个槽孔都刻有中位线标志,可用直尺测量各点以调整升降值使其达到均衡一致。

6. 振捣梁行程调整

绝大多数摊铺机在熨平板之前设有往复式振捣梁。它由一偏心轴驱动。偏心轴则由一台液压马达驱动,振捣梁往复运动的行程可进行有级或无级调节,一般视摊铺厚度、温度和密实度而定,通常在4~12mm之间。薄层、矿料粒径小时,适宜用短行程,反之,摊铺厚度大、温度低、矿料粒径大时,适宜用长行程。摊铺面层只能选用短行程。振动器的振动频率一般在2000~3000r/min之间。当摊铺厚度薄、摊铺速度慢时,频率设定在2000~2500r/min之间;当摊铺层较厚、摊铺速较快时,频率设定在2500~3000r/min之间。

7. 熨平板前刮料护板高度的调整

有些摊铺机熨平板前装有刮料护板。其作用在于保持熨平板前部混合料的堆积高度为定值。因此,刮料护板的高度调整得当,有助于提高摊铺质量。国外研究表明,当摊铺厚度小于10cm时,刮料护板底刃应高出熨平板底板平面的前缘13~15mm,对于液压伸缩调幅的熨平板,此值要稍减小。如果摊铺厚度增加或混合料粒径增大,刮料护板要适当提高;反之,摊铺层减薄、混合料中细料多或油石比较大时,应适当降低刮料护板高度。为确保在熨平板全宽范围内料堆高度一致,刮料护板底刃必须平直,且与熨平板底边缘保持平行。

8. 摊铺机作业速度的选择

目前,高等级公路施工所使用的沥青摊铺机,都具有较宽的速度变化范围,可从零值到每分钟几十米之间进行无级调节,并且由于采用液压传动和电控技术,速度一经选定,就能够保持恒定匀速地前进。因此可以说,摊铺机能够满足作业效率和摊铺质量的要求,关键是如何正确地选定作业速度,以加快施工进度和提高摊铺质量的问题。

摊铺机的作业速度选择,主要应考虑的因素是工期要求、质量要求、与之配套的拌和机生产能力、压路机生产能力、气候特点、摊铺层次和混合料的类型。上述诸因素中,质量要求是根本,由此就可以讨论摊铺机作业速度的适宜范围问题。

沥青路面的压实要在混合料温度不低于80℃完成为宜,从摊铺后温度降至80℃所经过的时间就为有效压实时间。气温越低,混合料的温度下降越快,完成碾压提供的时间就越短。一般来讲气温低10℃时,不适宜高等级公路沥青路面施工;当必须摊铺时,环境气温必须在5℃以上才能施工。当温度低时必须在短时间内碾压结束,这就必须适当降低摊铺机的作业速度、缩短碾压作业段的长度。但是摊铺机作业速度太低,作业段长度小于25m时,压路机的错轮及避让不便,会影响碾压质量。而且生产量太小也降低了摊铺机、压路机、人员的利用率,增大了成本。因此,摊铺机作业速度的最小适宜值定为1.5m/min较为适宜。

摊铺机作业速度太快时,也会出现许多质量缺陷:表面出现大量的拉沟、裂口现象,摊铺层混合料疏密不均匀、预夯实效果降低等。从高速公路许多摊铺机作业速度不同时的观察到:当摊铺速度不大于4m/min时,混合料表面的拉沟、裂口现象较少,预夯实效果也较好(预压密实度80%~86%)。因此,摊铺作业速度一般不应大于4m/min,最好是不大于3m/min。中下层可以适当放宽,但也不宜超过5m/min。

在振捣频率恒定情况下摊铺机行驶速度的增或减,或者在行驶速度恒定的情况下,振捣频率的增或减,都同样会导致单位面积的混合料在单位时间内被振捣次数的增加或减少。也即表明密实度有大或有小,从而导致熨平板的升或降、铺层的变厚或减薄以及路面的不平整。摊铺机的时停时开、断续工作,会使螺旋布料室内和熨平板下的混合料冷凝,会因熨平板装置的自重造成停机处的下沉,从而致使铺层形成全断面的台阶状不平。因此,施工中所选择的摊铺机作业速度,应在适宜的速度范围内,以"恒定连续工作原则"来确定。

所谓"恒定连续工作原则",就是按沥青混合料的供应能力来确定摊铺机的作业速度,保证摊铺机在整个工作时间内连续恒速地铺筑。摊铺机作业速度可按式(8-3)计算:

$$v = \frac{C}{60WDP} = \frac{C}{140WD} \quad (\text{m/min}) \tag{8-3}$$

式中:v——摊铺机的作业速度,m/min;

W——路面铺筑宽度,m;

D——路面铺筑厚度,m;

P——压实后的混合料容重,可按2.33t/m³取用;

C——沥青拌和设备的供料能力,t/h。

按式(8-3)计算的摊铺速度,并不是十分确切的,还有实际摊铺厚度的误差、实际摊铺宽度的误差和选用容重的误差。实际上,摊铺宽度的误差和选用容重的误差对摊铺速度的选择影响不大,可以不必细究。影响大的是实际摊铺平均厚度的误差,当平均厚度误差不大时,可通过施工时配备适当量的运料车运送混合料来弥补;当平均厚度误差较大,不得不调整摊铺速度时,也要注意不要调速过急过频。

9. 摊铺机供料系统的调整与选择

摊铺机的供料系统包括刮板供料器、料斗闸门和螺旋布料器。刮板供料器与同一侧的螺旋布料器相匹配,同属一个转动装置,只要确定一个的工作参数之后,另一个也随着确定。因此可以说,通过控制刮板供料器的运转速度(或螺旋布料器的转速)和料斗闸门的开度,可以有效地控制进入摊铺室内的供料量。

进入摊铺室内最恰当的混合料量,是料堆的高度略高于螺旋布料器的轴心线至2/3螺旋器高之间,即稍微能看见螺旋叶片为宜。料堆的这种高度应沿螺旋布料器全长一致,因此要求螺旋布料器的转速与配合恰当。并且,螺旋布料器和刮板输送器应在整个工作时间内尽量不停歇地持续运转,因为频繁停转与再起动会造成其传动机构过快地磨损。

为了实现上述目标,最好的办法是使用全自动驱动和正确的施工调整。所谓全自动驱动,是刮板供料器的传送速度由料位传感器的电位器实现自动控制,速度自动地与螺旋布料器前的料位情况相适应。供料不足时,传送速度自动地加快,供料太多时,传送速度自动地减慢。所谓正确的施工调整,是选择合适的料斗闸门开度与供料速度恰当地配合,使刮板供料器能够连续、均匀地供料,而使料位感应器控制的自动调节开关越少启动干预供料越好。施工中,先预选中速供料,预定料斗闸门开启 5～10cm,然后在摊铺作用中调整校正闸门开启高度,直至刮板供料器匀速稳定工作后,再用电位器对刮板供料器速度进行微调校正即可。

对一定的摊铺机,在中速运转时,根据转速可计算刮板速度,进而计算闸门开启高度。

$$\frac{Q}{r} = 60\mu WH$$

$$H = \frac{Q}{120W\mu} \quad (\text{m})$$

$$H = \frac{0.83Q}{W\mu} \quad (\text{cm}) \tag{8-4}$$

式中:μ——刮板速度,m/min;

Q——供料量,t/h;

W——闸门宽度,cm;

H——闸门高度,cm;

r——取 2t/m³。

10.摊铺机自动调平装置的使用

摊铺机的浮动熨平板具有自动找平功能。但是,由于受熨平板侧臂长度的限制和受熨平板质量惯性所产生的调整滞后的影响,使得这种自动找平功能不能满足高等级公路对平整度的要求。因此,摊铺机又附装了一个自动调节装置。

目前,摊铺机铺筑沥青路面使用的找平基准主要有两种类型:

一是接触式调平装置,主要有固定基准即钢绳悬线法、电子平衡梁基准和滑橇(也称为滑靴)。

使用钢绳悬线法能较大范围内准确地控制设计高程、纵横坡度、路面厚度和平整度。其操作如下:选用直径为 2mm 的高强钢丝,其长度为 200m、张紧度为 800～1000N 为宜。基准线两根立杆的间距一般为 5～10m,弯道处应加密。立杆要高于铺层 75～150mm,埋设牢固,距铺层边 160～500mm。钢丝架设高程应高于虚铺高程 50～100mm,用细铁丝绑紧在立杆支撑架凹槽上。整个作业期间应有专人看管,严禁碰撞钢丝。

使用接触跨越式浮动平衡梁时,为保证面层整体平整度,中面层、上面层用平衡梁。为提高平整度,应尽量加长平衡梁的长度,注意滑靴和平衡梁行走轮不要黏有沥青,以防影响摊铺层的平整度。浮动平衡梁有很好的滤波作用,避免了固定基准折线和人为误差的影响,大大提高了路面平整度。跨度 16~17.6m 的平衡梁要求是直线摊铺,摊铺弯道时要求弯道的半径大于 600m,否则由于弯道的变化引起平衡梁滚轮和滑靴产生较大的扭矩而发生横向位移,不但起不到平衡作用,反而破坏整个平衡系统,摊铺出的路面厚薄不均匀,影响路面的平整度。因此在摊铺半径小于 600m 的弯道时,除摊铺机转向应缓慢过渡外还应拆掉部分平衡梁,使其平衡梁的长度变小,减少平衡梁横向位移的发生,提高路面的平整度。在用浮动平衡梁铺横缝时,由于此时平衡梁的后半部分是在已经摊铺压实好的路面上,在摊铺前应在平衡梁滚轮下垫一块长 6m 宽 20m 厚度与虚铺系数相等的木板,摊铺机起步时打开平衡梁自动找平系统开关。因为正常使用平衡梁时其后半部是在未压实的虚铺路面滚动,如果此时不垫木板,使用平衡梁自动找平系统会使铺出的路面厚度减小。

使用滑撬时,在传感器上直接安装小滑撬替代摆臂。这时滑撬在已铺好的铺层或具备其基准条件的构筑物上滑行,此种方法多在接缝施工中采用。如果是冷接缝,滑撬以压实后的铺层做基准,但应设置在离边缘 30~40cm 以内的铺层上;如果是热接缝,滑撬可以设置在未碾压的铺层上或铺层边缘内。

二是非接触式调平装置,主要有超声波式和激光式两种。

我国自 2001 年开始引进非接触式超声波调平装置,又称为超声波平均梁,采用的是超声波测距原理:在路面以上一定高度处,每侧牵引大臂上固定一条铝合金梁(平均梁),朝下布置多个声纳传感器(一般为 4 个),前三后一。摊铺作业时,声纳传感器向作为参考基准的地面发射声纳信号并接收返回信号,从而计算出距地面的均值,以此来控制摊铺机牵引大臂的升降,达到光滑平整的摊铺效果。优点是:安装简单方便;不与沥青混合料接触,无须清洗维修;无论道路多么弯曲,都能连续摊铺,掉头也不成问题;摊铺平整度好,完全符合国家标准要求。因此一经推出即深受用户欢迎。然而作为声纳传播媒体的空气成分与温度对声纳的传播速度影响很大,为此不得不加设温度补偿。但因空间关系,补偿标杆长度不能很大,补偿效果不佳,测距精度受到影响。超声波平衡梁探头少,长度也不如机械式浮动平衡梁,故实际摊铺平整度并不比机械式浮动平衡梁 + 纵坡控制器好多少。此外,非接触式超声波平衡梁采用的是相对基准,无法控制摊铺路面的高程;对作为参考基准的原有路面的平整度要求比较苛刻。因此超声波平衡梁一般只用于面层的摊铺,摊铺基层或下面层仍然只能采用纵坡电子控制器 + 基准钢丝绳。超声波平衡梁不可能完全取代电子调平装置。

近期,国外又推出了所谓 RSS 系统(道路扫描系统)并同步进入我国,国内称为激光扫描调平系统。与超声波平衡梁一样,也属于非接触式调平装置,但采用的是激光测距原理。激光的传播速度比声纳快得多,又不受环境影响,故测距比声纳精确;RSS 系统在摊铺机每侧牵引大臂上仅配置一个激光发生器和接收器探头,可以在工作平面的某一角度范围内对作为参考基准的路面进行扫描,并逐步测量探头距地面的距离并加以运算平均,测点多达 150 个。因此从理论上讲,RSS 系统的控制精度比超声波平衡梁高得多。然而新产品设计不够完善、质量并未达到预期效果,加上 RSS 的价格较超声波平衡梁更高,目前国内用户采用量很少。但随着产品的完善和价格的下降,有可以在今后会取代超声波平衡梁。

大量的工程实践证明,在下面层、中面层采用悬线法,中面层、上面层采用接触跨越式浮动平衡梁或非接触式电子平衡梁铺筑的效果良好。

目前,因接触式调平装置技术较成熟,使用较多。摊铺机由电子传感器来跟踪一个外部基准,使所铺筑的路面平整度保持在该基准所引导的平面内,以此来保证铺筑的平整度。但是,施工中必须掌握该装置的使用技术,对操作中的各个环节要从严要求。

1)纵坡基准面的选择

纵坡基准有专设的钢丝绳或现成参照物,如已铺好的路面结构层、路缘石等。

钢绳悬线法以地球为参照系的绝对基准,从理论上讲是绝对精确的,它能够对基层的高程和横坡度进行调整和修正,但无法排除人为的测量误差、打桩误差、钢丝的下垂等。所以在使用此法时要严格遵守张拉长度、张拉力、支柱间距等方面的要求,并严格测量、细心保护。如果基层平整度不好,或摊铺机两侧地带不适于拖梁滑行时,就应选用钢丝绳作基准。特别是下面层和中面层,更有必要用钢丝绳作基准,以对下层的高程误差和平整度进行调整。

浮动平衡梁基准随摊铺机同步在下层面上滑动或滚动,能将下层的凹凸起伏进行均化、分解或部分消除。浮动梁有两种类型,一种是直梁,它整个面与下层表面接触,由于它的长度加大(3~8m),可将移动表面凹凸坡长拉大,但不能减少波幅高度,只能因坡长的拉大达到"均化"的目的,故又称"平均梁"。另一种是在其下面装有许多带弹簧的"脚"或小轮子的浮动梁,悬挂在机侧并随机移动,上面置放纵坡传感器的接触件,如图8-4所示。各小弹簧的弹力甚小,仅仅是"脚"走到凸坡处被压缩,而不能使梁抬起,这样就可保持梁始终处于平坦状态,使铺层调整得十分平整,在下陷处铺层厚些,凸起处铺层薄些,从而将下层表面的起伏坡"均化",并降低了波幅。与钢丝绳法不同,当下层高程误差不大或已经纠正后误差不大,且平整度较好时,应尽量使用浮动梁,带"脚"的浮动梁更好,以更进一步降低凸凹的起伏程度,提高平整度。因此,浮动梁基准适合于多层铺筑的中面层和上面层,以及平整度较好的单层沥青混凝土路面。

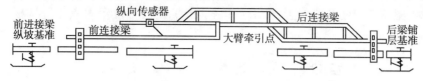

图8-4 平衡基准梁示意图

用已完工的摊铺层或路缘石作基准,它们所使用的接触件为滑撬,如图8-5所示。由于作为基准的已完工路面和路缘石,平整度往往并不理想,所以就限制了滑撬的应用范围。以路缘石作基准多在初始摊铺时使用,以已铺层作基准多为接宽摊铺层时所用。

根据施工经验,当下层的平整度标准差大于1.8mm时,宜用悬线基准;当标准差在1.8mm以下时,宜用浮动梁基准。

2)纵坡控制器与横坡控制器的调整

(1)纵坡控制器的调整。

①将纵坡控制器上的开关推至坡工作位置,降落纵坡控制器至传感器与基准面相接

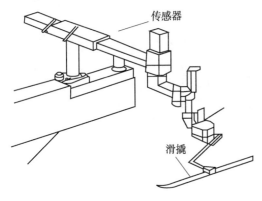

图 8-5 滑撬示意图

触,调节手调装置旋钮,直到控制器上的两个指示灯熄灭,此即为传感器的中立位置。

②"不工作带"的调整。调节纵坡控制器上的灵敏度旋钮,至控制器上的指示灯出现明灭变化(从一支熄灭到另一支点亮)能对导柱高度调整旋轴转动量不超过 1/2 周表示出反应,即为灵敏度合适(大约在灵敏度旋钮显示 8 个)。灵敏度调整之后,应将调整旋钮的位置用锁环固定。

(2)横坡控制器的调整。

①将横坡控制器上的开关推至工作,调节横坡控制器手调装置上的旋钮,直到控制器上的两个指示灯都熄灭。

②"不工作带"的调整。调节横坡控制器上的灵敏度旋钮,直到控制器上的指示灯明灭变化能对斜度差值 0.03%~0.04% 的范围表示出反应,即为合适(大约在灵敏度旋钮显示 8 处)。调整灵敏度后,该旋钮即用锁环固定。

③熨平板在实际横坡数值与倾斜方向由水准尺检测,熨平板的底面必须与下层顶面有相同的高差距离。

④若横坡控制器的手调装置上两窗口显示的数值与用水准尺所测的熨平板实际横坡值不相符时,应将手调装置的"重调"按钮按下不放松,同时拨动调节旋钮进行调整,直至两者相符合为止。

3)纵向传感器的安装位置

纵坡传感器的安装位置对纵坡的调平效果也有影响。影响浮动熨平板的水平位置的改变来自两个方面:即牵引点随下层凹凸起伏而改变和熨平板受力系统的平衡被破坏。另外,纵坡调平还会出现滞后现象。因此,纵坡传感器的安装位置应使其能同时检测到前后两方面的偏差。

纵坡传感器有三处安装位置:牵引点位置、熨平板位置及牵引点与熨平板之间的某处,如图 8-6 所示。

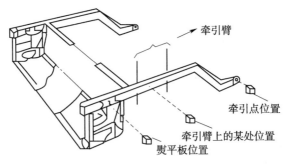

图 8-6 纵向传感器的安装位置

传感器安装在牵引点位置上,对牵引点的升降最敏感能做出精确的调节。但对熨平板的升降不能检测出来。

传感器安装在熨平板的端闸板上,可准确及时地发现熨平板刚发生的变化,但是对于牵引点的变化反应要等到机械向前移动相当距离后才会完全发现;而熨平板在这个过程中也有可能再变化,又会影响到牵引点的变位,还要作相应的调整,使得自动调平系统反复地变化,铺出的路面将呈搓板状况。

根据以上分析,综合考虑整机调平的有效性、稳定性和精确性,经有关资料介绍有以下结论:纵坡传感器安装的最佳位置是在熨平板之前,相当于牵引臂长 1/3～1/9 处,并将传感器垂直于螺旋布料器的中心线。

4) 钢绳基准线的敷设

钢绳比钢丝和尼龙绳的张拉强度高,受外界因素影响变化小,所以施工中应优先选用。一个施工作业面要备双侧长 600m 以上,每个张拉段的长度以 200m 为宜,其张紧力一般需 800～1000N。

基准线的敷设如图 8-7 所示。主杆的长度为 50～70cm,入土深度应不小于 30～40cm,垂直牢固地埋于土中。主杆上套一个可上下移动的钢环,钢环一侧的螺栓孔用螺栓使其能够固定。钢绳的高程通过路缘石的高程测量来定,误差要小于 2mm。钢绳应尽可能地靠近铺层边缘,最多不能大于 20cm。两根立杆的间距一般为 5～10m。敷设基准线时将其一端固定,另一端通过弹簧秤连接于张紧器上。

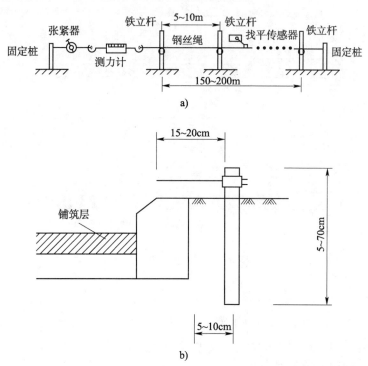

图 8-7 基准线敷设示意图

基准线敷设后,要注意保护,专人看管,不断检查,特别是在摊铺机前几根立杆的检查更要认真仔细。另外,为了避免施工过程中可能发生碰撞,最好在各立杆上做出醒目的标志。

(四)沥青路面的接缝处理

接缝包括纵向接缝和横向接缝(工作缝)两种。在全宽幅摊铺机全幅摊铺面层的情况下,虽可避免纵向接缝,但横向接缝是不可避免的,至少每天会有一条工作缝。接缝处理不好时,会使路面在接缝处下凹或凸起,并可能由于接缝处压实度不够、结合强度不足而产生裂纹,甚至松散。

1. 纵向接缝

纵向接缝可以采用热接缝和冷接缝两种方式铺筑。热接缝是两台摊铺机一前一后成梯队同步摊铺沥青混合料;冷接缝是在不同时间分幅摊铺时采用的方法。纵缝应尽量考虑采用热接缝。上、下层的纵缝应错开15cm以上,表层的纵缝最好设在路面标线下。

对于热接缝,先行摊铺的热混合料应留下10~20mm宽度暂时不压,作为后摊铺部分的基准高程面,然后作跨缝碾压。对于冷接缝,先行铺筑的半幅宜设置挡板或采用切刀切齐,铺筑另半幅前必须将前接缝边缘清扫干净,并刷粘层沥青。摊铺后半幅混合料时应与已铺层重叠5~10cm,用以加热已铺筑的沥青混合料,碾压前将这部分混合料铲掉。碾压时压路机应大部分压在已碾压好的路面上,仅有10~15cm的宽度压在新铺层上,然后逐渐移动跨过纵缝碾压,如图8-8所示。

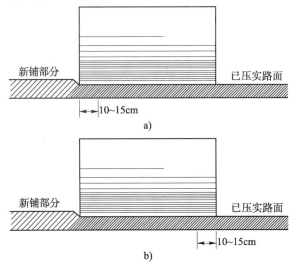

图8-8 纵向接缝的碾压示意图

2. 横向接缝

横向接缝可采用平接缝和斜接缝两种方法铺筑,如图8-9所示。高速公路、一级公路和城市快速路、主干路的中上面层的横缝应采用垂直的平接缝,其他层次以及其他道路的各层次均可采用斜接缝。相邻两幅及上下层的横缝应错位1m以上。为使接缝位置得当,应在已铺层顶面顺路面中心方向在2~3个位置先后放一把3m直尺,并找出表面纵坡或已铺层厚度开始发生变化的断面,然后用锯缝机沿此断面切割成垂直面,并将已铺层不符合要求的尾部铲除(也可以人工或机械铲除不符合要求的尾部,形成毛接缝)。为便于铲除混合料,可事先在施工临近结束时,在预定摊铺宽度范围内先铺一层牛皮纸或撒一层薄砂,摊铺机铺料结束驶离现场后,人工将端部混合料铲齐后碾压;然后找出切割的位置,趁热将其尾部铲除。继续摊铺混合料前,在切割断面上涂刷一层薄沥青,以增加接缝处新旧铺筑层间的黏结,并用热沥青混合料将临近接缝处的已铺沥青混合料加热。

图 8-9 沥青路面横向冷接缝处理

二、任务实施

(一)准备工作

(1)平整、坚硬场地一处,沥青混凝土摊铺机一台。

(2)柴油、柴油机润滑油、润滑脂、制动液、冷却液、蓄电池补充液。

(3)加油桶、常用手工具、包皮布等物品。

(二)技术要求与注意事项

1. 沥青混凝土摊铺机的仪表及操纵装置

驾驶人在驾驶摊铺机之前,必须熟悉设备的仪表和操纵装置。这些仪表和操纵装置因车型而异,但其功用和使用方法基本相似。为了正确无误地使用摊铺机进行作业,下面以4500型沥青摊铺机为例说明操作面板各开关的作用。该机由镇江路面机械制造厂生产,履带式行走、机械链条传动,采用液压延伸熨平板,其操作台如图 8-10 所示。

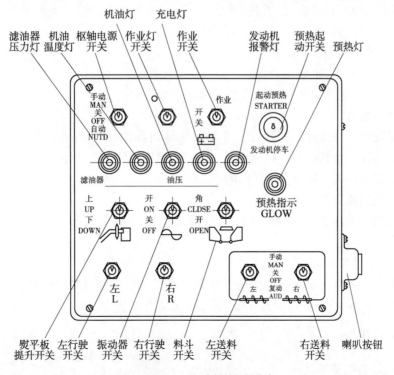

图 8-10 4500 型沥青摊铺机操作台

2. 沥青混凝土摊铺机安全操作基本要求

（1）驾驶台及作业现场要视野开阔，清除一切有碍工作的障碍物。作业时无关人员不得在驾驶台上逗留。驾驶人不得擅离岗位。

（2）运料车向摊铺机卸料时，应协调动作，同步行进，防止互撞。

（3）换挡必须在摊铺机完全停止时进行，严禁强行挂挡和在坡道上换挡或空挡滑行。

（4）熨平板预热时，应控制热量，防止因局部过热而变形。加热过程中，必须有专人看管。

（5）驾驶力求平稳，不得急剧转向。弯道作业时，熨平装置的端头与路缘石的间距不得小于10cm，以免发生碰撞。

（6）用柴油清洗摊铺机时，不得接近明火。

（三）操作步骤

1. 摊铺机驾驶前的准备

（1）驾驶前应认真学习摊铺机安全操作规程。

（2）严格按安全操作规程对机械进行检查和准备。

2. 摊铺机的行驶

（1）料斗应处于合拢状态，并用挂钩固定。

（2）熨平板应处于提升位置，并用挂钩固定。

（3）作业开关处于"关"的位置。

（4）送料器和螺旋摊铺器开关放在"断"的位置。

（5）将高低速杆置于高速（行驶）挡位。

（6）调整变速器的变速杆，选择合适挡位。

（7）松开驻车制动。

（8）适当提高发动机的转速。

（9）将左右行驶开关扳到起动位置，摊铺机开始前进。

3. 摊铺机的转向

轮式摊铺机转向通过操纵转向盘带动液压转向器，液压缸使车轮发生偏转，实现转向。其原理和方法与其他轮式机械相同。履带式摊铺机转向方式是通过旋转转向电位器旋钮使左右履带形成差速而实现转向的。

4. 摊铺机的熄火与驻车

左右行驶开关都置于"停止"位置时，摊铺机停驶，拉起驻车制动，将发动机熄火。熄火方法为：

（1）手熄火装置时，向外拉手熄火开关，直至发动机熄火。

（2）电熄火装置时，将起动钥匙逆时针旋转到"0"挡，发动机自动熄火。

摊铺机需长期停驶时，应将熨平板放下，并放置在垫板上。

三、学习拓展

（一）摊铺机的基本组成

摊铺机主要由基础车（发动机与底盘）、供料设备（料斗、输送装置和闸门）、工作装置

(螺旋摊铺器、振捣器和熨平装置)及控制系统等部分组成。现代沥青混凝土摊铺机,采用全液压驱动和电子控制、中央自动集中润滑、液压振动、液压无级调节摊铺宽度等新技术,自动化程度高,操作简单方便,视野好,并设有总开关、自动找平装置、卸载装置、闭锁装置,保证了摊铺路基、路面的平整度和摊铺质量。

此外,由于机械化摊铺的速度快,且摊铺机上有可以加热的熨平装置,因此它在进行摊铺时,对气温的要求比人工摊铺时要低,可在较冷的气候条件下施工。

(二)提高摊铺质量的其他措施

影响摊铺质量的因素有许多,仅就从摊铺作业工序来讲,除上述已讲过的那些重要影响因素外,还有其他一些因素也影响到摊铺质量,所以要相应地采取措施以提高摊铺质量。

1. 熨平板的加热

摊铺机上配有两罐丙烷加热气,容量不小于33kg,用软管通到熨平板中的喷嘴上,用于对熨平板进行预热。每天开始施工前或停工后再工作,都应以熨平板进行预热,即使是炎热的夏季亦必须如此。其目的是减少乃至消除熨平板与混合料之间大的温差,以避免混合料冷粘在熨平板底面上,使摊铺层出现拉沟或裂纹。预热时间一般为15~30min,外界气温较低时选择较长的时间,但加热过程不能过快,温度不能过高,以避免熨平板本身的变形和加速磨损。

操作时,应将气罐与燃烧器间的所有阀门关闭,将气罐总开关开启,按下软管爆裂安全装置约3s,等系统中的气压上升,达到0.15MPa后,开启三通分配器的某一阀门向点火杆供气,将点火杆点燃后关闭。然后开启三通分配器的另一阀门,向熨平板中的烧嘴供气,用点火杆将全部烧嘴点燃。若任何时候某只烧嘴熄灭时,应小心立即重新点燃。

2. 铺层厚度调节手柄的正确使用

对于采用了自动调平装置的摊铺机,施工过程中的铺层厚度可由该装置自动控制,不必人工调整。对于未采用自动调平装置的摊铺机,则依靠人工转动厚度调节手柄进行调整。由于浮式熨平板本身具有一定的自动调平能力,一般在厚度调整过后,施工时可不必多去调整,只是在确有凹凸处才进行调整。浮式熨平板的仰角是在摊铺机驶过3倍牵引臂长的距离后才发生变化。需要调节时,按摊铺机每前进1m转动1/4圈调整,这样经多次调节后方得到较为平整的铺层。每次在铺筑凹凸处调节以后,要注意按上述方式反向调整回来,以保证铺层厚度。

3. 受料斗翼板的正确操作

料斗翼板依靠其下面的液压缸推举而进行翻转。汽车在卸料时易使粗粒料聚集在料斗的两侧,如果待中部的较多细料输送完大部分时,才输送侧边的粗料较多的部分,则显然会使得该处铺层的粗粒料较多,外观出现"倒V形"质量缺陷。因此,在料车驶离料斗后,应及时缓慢地翻转料斗翼板,只要不使料斗内混合料外漏即可。另外,当料斗内存料不多时,所剩下的混合料往往也是粗料较多,因此在料斗内混合料尚有一定的存量,不到能看到刮板输送器时,就由下部料车及时地卸料。

4. 摊铺机及其各功能的起动操作

摊铺机的起动,各功能的起动,其本身以及相互之间的配合,都要求按照一定的方式来操作,具体过程如下。

(1)施工中,首先是使主柴油机空转2~5min,使传送系统和摊铺机的液压系统得到预热。

(2)起动混合料传送系统,将开关置于手动位置,即开始往螺旋分配器送料,至螺旋器槽中约达螺旋叶片直径的2/3高度处,而且都被物料填充时,再将物料传送系统调至自动位置。

(3)然后可将主机行驶驱动机构起动,在起动开始至提高转速的初级阶段内,由于各液压传动机构尚未达到足够均匀的运行速度,所以不要在起动开始即进行摊铺作业。

(4)在摊铺机各液压传动机构达到一定的均匀运行速度后,将控制振捣器的板钮开关和控制振动器的板扭开关都扳向自动位置。

(5)将前进操纵杆前推,整机开始摊铺作业。

(6)如果摊铺机设备使用自动找平装置,在整机前移大约一个熨平板尺寸的距离时,将熨平板置于"浮动"位置,并用锁定机构将其固定下来。

在熨平板置于浮动位置开启锁定后,再将自动操平板扭开关推至电子检测位置即可。

5. 配合人工是保证质量的必要措施

摊铺机熨平板两侧距路缘石10~20cm的距离,常要用人工往两侧分料,并予整平。另外,摊铺过后的铺层,难免会有个别大料,要由人工捡出,再补上混合料,对一些表面粗糙大料明显较多的地方,要用人工筛细料,均匀地筛布灌缝,但要注意不能筛布太多出现细料重叠。当然,如果大料集中得太多,就应当人工挖除换料。

在摊铺机前,要有人工清扫底层,清除运料车撒落下来的混合料和其他污物,特别是摊铺机履带板行走的底层上,一定清除干净,以免自动调平装置产生误调动作,破坏摊铺层的平整度。

6. 运料汽车与摊铺施工的配合

运料自卸汽车的配备数量,当采用5~7t运料汽车时,一是运料太少,二是车斗高度不够,因此不能使用。至少应使用8t以上自卸汽车,应尽量考虑使用15t以上自卸汽车。车辆的性能和车况要好,禁止使用带病车辆,以避免因车辆故障使混合料降温废弃。

混合料生产能力与摊铺速度确定后,就能保证摊铺机按一定的速度连续恒定地摊铺。但是,由于运料汽车速度不一致和故障等原因,均会影响这一目标的实现。因此,要等摊铺机前停有3~4辆运料汽车时,再开始每天的摊铺施工。

运料汽车与摊铺机正确的接触方式,是运料汽车后车轮倒至距摊铺机推辊30cm左右处停车,迅速换入空挡,停止使用制动器,等待摊铺机接近,平稳地顶推运料汽车前进,要坚决杜绝运料汽车倒退时去碰摊铺机,使铺层出现熨平板条痕。另外,在摊铺机顶推运料汽车过程中,不要使用紧急或强制制动,必要时可轻拉驻车制动器,以能控制运料汽车不致脱离摊铺机为度。运料汽车卸料要均匀平稳,不要把车箱尾部插入料斗的混合料内,更不要把料洒卸到地面上。为保证混合料的连续供给,卸料后该运料汽车应及时驶离摊铺机,方便下一部运料汽车迅速到位。

在上述整个过程中,要有一人站在运料汽车驾驶人一侧的摊铺机料斗前沿指挥运料汽车的倒车、停车、起斗和驶离。

四、评价与反馈

1. 自我评价

(1)通过本学习任务的学习你是否已经知道以下问题:

①沥青混凝土摊铺机的功能是什么:_____
_____。

②沥青混凝土摊铺机施工时需要调整的参数主要有哪些:_____
_____。

③如何进行沥青混凝土摊铺机烫平板宽度的调节:_____
_____。

④如何进行沥青混凝土摊铺机烫平板拱度的调节:_____
_____。

(2)分析影响沥青混凝土摊铺机生产率的因素:_____
_____。

签名:_____　　_____年___月___日

2. 小组评价(表8-2)

小组评价表　　　　　　　　　　　　　　　　表8-2

序号	评价项目	评价情况
1	相关理论知识学习是否认真	
2	操作的动作、姿势是否正确	
3	自学能力	
4	动手能力	
5	动作的准确性	
6	动作的连贯性	
7	维修车辆的积极性	
8	团结协作情况	

参与评价的同学签名:_____　　_____年___月___日

3. 教师评价

_____
_____。

教师签名:_____　　_____年___月___日

五、技能考核标准

试题一　沥青混凝土摊铺机摊铺厚度的调整

(一)考前准备

(1)成立考评小组。

(2)沥青混凝土摊铺机一台,垫块、线绳、皮尺、钢卷尺等。

(3)主考教师对沥青混凝土摊铺机技术状况进行校核,对场地进行测校,确保考核顺利进行。

(二)考试内容

(1)考试场地:坚硬、平整场地一处。

(2)操作要求:

①开始作业前,检查车辆技术状况,检查所用工具是否齐全。

②正确停置沥青混凝土摊铺机。

③按照施工工艺要求确定摊铺厚度并进行调整。

④要求:操作规范正确,能确定合理摊铺厚度并顺利进行调整,时间不超过10min。

(三)评分标准(表8-3)

操作技能考核评分记录表　　　　　　　　　　　表8-3

序号	考核内容	考核要点	配分	考核内容及评分标准	扣分	得分
1	操作前准备	检查工具、量具及所用材料	5	(1)未检查扣5分; (2)工具、材料每缺少一件扣1分		
2	摊铺机的停放	作业始点的选择与摊铺机驶入	15	(1)未选择或选择错误扣10分; (2)位置有偏差扣2~6分		
3	选择起动垫块	按施工要求选择相应厚度的起动垫块	20	(1)未选择扣10分; (2)选择不正确每处扣3分		
4	放置调整垫块	放置起动垫块	10	(1)未放置起动垫块扣5分; (2)未放下熨平板扣5分		
5	调整左右厚度调节器	左右调节器的调整方法	20	调节器的手柄调到有微量间隙为止,调整结果达不到要求每处扣5分		
6	调整初始工作仰角	按施工要求确定初始仰角并调整	20	(1)按施工要求确定初始仰角不正确扣10分; (2)调整方法不当或调整不正确每处扣5分		
7	清理现场	5S管理	5	(1)未将所有工具、材料放回原处扣5分; (2)每遗漏一件物品扣1分		

续上表

序号	考核内容	考核要点	配分	考核内容及评分标准	扣分	得分
8	安全文明	工作态度	5	野蛮操作每处扣2分		
9	计时	熟练程度		(1)每提前1min加1分(不足1min,不计时),最多加5分; (2)每超时1min扣1分(不足1min时,按1min计),超时5min,考核结束 (计时时段:从考核员宣布开始,到操作者下车后报告"操作完毕"终止)		
10	否定项	基本素质 基本技能		违反安全操作规程,导致事故隐患或发生生产安全事故		
	合 计		100			
考核员签字			操作用时		考核日期	年　月　日

注:每个作业项目的配分扣完后,不再扣分。

试题二　沥青混凝土摊铺机烫平板拱度的调整

(一)考前准备

(1)成立考评小组。

(2)沥青混凝土摊铺机一台,钢卷尺等。

(3)主考教师对沥青混凝土摊铺机技术状况进行校核,对场地进行测校,确保考核顺利进行。

(二)考试内容

(1)考试场地:坚硬、平整场地一处。

(2)操作要求:

①对采用全路幅一次摊铺路面时,对前后两幅调拱机构进行调整,其前拱拱度应调节得比后拱略大为宜。

②对采用半幅全宽一次摊铺路面时,路拱为直线型路拱的熨平板进行调整。操作步骤:拧松调整机构锁紧螺母,对调整机构进行调整,检测熨平板拱度情况,锁紧调整机构锁紧螺母,复查熨平板拱度情况。

③对前后两幅调拱机构进行调整,其前拱拱度应调节得比后拱略大为宜。人工接长调宽的熨平板,其前后拱之差为3~4mm。液压伸缩调宽的熨平板,差值为2mm为宜。

④要求:操作规范正确,时间不超过10min。

(三)评分标准(表8-4)

操作技能考核评分记录表　　　　　　　　　　表8-4

序号	作业项目	操作内容	配分	考核内容及评分标准	扣分	得分
1	操作前准备	上车前的检查及工具、材料的准备	5	(1)上车前不查视外部及周围情况每处扣2分； (2)工具、材料每缺少一件扣1分		
		调整前的检查	5	(1)不检查熨平板连接情况扣2分； (2)不检查熨平板铰接及调整机构每处扣2分		
2	全路幅一次摊铺路面时熨平板的调整	前幅调拱机构进行调整	10	(1)不拧松调整锁紧螺母扣5分； (2)调整方法不当每次扣3分		
		后幅调拱机构进行调整	10	(1)不拧松调整锁紧螺母扣5分； (2)调整方法不当每次扣2分		
		调整后的检查	20	(1)调整后不进行检查扣10分； (2)调整后每少进行检查一处扣5分； (3)调整、检查后不紧固锁紧螺母每处扣2分； (4)紧固锁紧螺母后不进行复检每处扣3分； (5)调整数值不符合设计要求每处扣3分； (6)熨平板前后拱之差大于或小于标准值每处扣3分		
3	半幅全宽一次摊铺路面时熨平板的调整	前幅调拱机构进行调整	15	(1)不拧松调整锁紧螺母扣5分； (2)调整方法不当每次扣3分		
		后幅调拱机构进行调整	15	(1)不拧松调整锁紧螺母扣5分； (2)调整方法不当每次扣3分		
		调整后的检查	10	(1)调整后不进行检查扣10分； (2)调整后每少进行检查一处扣5分； (3)调整、检查后不紧固锁紧螺母每处扣3分； (4)紧固锁紧螺母后不进行复检每处扣3分； (5)熨平板不在同一直线上扣8分		
4	清理现场	5S管理	5	(1)未将所有工具、材料放回原处扣5分； (2)每遗漏一件物品扣1分		
5	安全文明生产	工作态度	5	野蛮操作每处扣2分		

续上表

序号	作业项目	操作内容	配分	考核内容及评分标准	扣分	得分
6	计时	熟练程度	5	(1)每超时1min扣0.5分(不足1min时,按1min计); (2)每提前1min加0.5分(不足1min时,不计时) (计时时段:从考核员宣布开始,到操作者下车后报告"操作完毕"终止)		
7	否定项	否定项目		违反安全操作规程,导致事故隐患或发生生产安全事故		
	合 计		100			
考核员签字			操作用时		考核日期	年 月 日

注:"拱度设计值"由考核员随机提出。每个作业项目的配分扣完后,不再扣分。

参 考 文 献

［1］何挺继,朱文天,邓世新.筑路机械手册[M].北京:人民交通出版社,2001.
［2］杨文洲.简明工程机械施工手册[M].北京:人民交通出版社,2000.
［3］戴强民.公路施工机械[M].北京:人民交通出版社,2005.
［4］高为群.公路工程机械驾驶与故障排除[M].北京:人民交通出版社,2005.
［5］何挺继,展朝勇.现代公路施工机械[M].北京:人民交通出版社,2002.
［6］郝培文.沥青路面施工与维修技术[M].北京:人民交通出版社,2001.
［7］田流主.现代高等级路面机械[M].北京:人民交通出版社,2003.
［8］西安达刚公司.SX5160GLQ型智能沥青洒布机使用说明书.西安.
［9］三一重工路面机械公司转运车所.沥青混合料搅拌转运车营销指导书.厦门.
［10］德国福格勒公司.MT1000-1沥青混凝土转运车说明书.